Gerti Keller Willy Peter Müller / Mit Fotografien
von Eddi Meier

Orte der Muße

12 Ausflüge zu zauberhaften Plätzen im Rheinland

Gerti Keller   Willy Peter Müller

Mit Fotografien von Eddi Meier

Orte der Muße

12 Ausflüge zu
zauberhaften Plätzen
im Rheinland

J.P. BACHEM VERLAG

Titelbild: Schlosspark Türnich
Vordere Innenklappe: Kalvarienberg
Hintere Innenklappe: Landschaft bei Ferschweiler
S. 6/7: Wacholdersträucher bei Alendorf
S. 58/59: Ruine Disibodenberg
S. 110/111: Felsenweiher bei Ernzen

Bibliografische Information Der Deutschen Bibliothek
Die Deutsche Bibliothek verzeichnet diese Publikation in der
deutschen Nationalbibliografie; detaillierte bibliografische Daten
sind im Internet über **http://dnb.ddb.de** abrufbar.

2., aktualisierte Auflage 2007
© J.P. Bachem Verlag, Köln 2007

Einbandgestaltung und Innenlayout: Barbara Meisner, Düsseldorf
Lektorat: Kirsten Nagel, Köln
Karten: Barbara Köhler, Bergheim
Reproduktionen: Reprowerkstatt Wargalla GmbH, Köln
Druck: Grafisches Centrum Cuno, Calbe
Printed in Germany
ISBN: 978-3-7616-1937-7

www.bachem.de

Orte zum Durchatmen
Von Bergspitzen und Tälern

Orte zum Innehalten
Unter dem Blätterdach – im Wald

Orte zum Wundern
Druidensteine, Kraftlinien und Spukgestalten

Orte
zum
Durchatmen

Von Bergspitzen und Tälern

1

Fast wie in Italien

Lampertstal, Kalvarienberg und Michelsberg

Haben Sie Lust auf einen Kurzurlaub in der Toskana? Dann auf in die Eifel! Südlich von Blankenheim gibt es eine versteckt gelegene Gegend, in der Gedanken an Italien unweigerlich aufkommen. Denn dort wachsen Wacholderbüsche, und die sehen fast aus wie Zypressen. Zudem findet man rund um dieses abgeschiedene Fleckchen mehrere alte Kreuzwege. Doch das Beste ist: Inmitten der Landschaft liegt auch noch ein verwunschener Ort, der Kalvarienberg. Und spätestens hier kann man die Welt – zumindest für einen Moment – vergessen.

Blickt seit Jahrhunderten in die Weite der Landschaft: die Mauer der Ruine Schloßthal

Schon die Anfahrt bietet eine reizvolle Einstimmung auf das, was uns erwartet. Wer aufmerksam schaut, kann am Wegesrand bereits den einen oder anderen Wacholderbusch entdecken. Zudem kommt man auf dem Weg nach Dollendorf an der abgelegenen **Burgruine Schloßthal** vorbei, die wegen ihres steil aufragenden Ostturms im Volksmund „Finger Gottes" genannt wird. Jahrhundertelang befand sich das Gemäuer im Besitz der Grafen von Manderscheid-Kail. Noch heute lassen die fast 1000 Jahre alten Überreste die Größe der einst so stolzen Anlage erahnen. Von hier führt ein Passionsweg mit Steinkreuzen nach Dollendorf. Diesen kann man ganz gemächlich mit dem Auto entlangfahren – und so Kräfte für die folgende Wanderung sparen. Nach wenigen Metern taucht ein weiteres Baudenkmal auf: die **Antoniuskapelle**. Die romantische Kreuzwegkapelle stammt aus dem Jahr 1701. Früher soll an dieser Stelle ein römischer Tempel gestanden haben, der dem Kriegsgott Mars geweiht war.

Die Antoniuskapelle – ein Juwel am Wegesrand

Wanderung Lampertstal / Kalvarienberg

Länge: rund 10 km, Gehzeit: gemütliche 4 Stunden, Schwierigkeitsgrad: einfach bis mittel, kurzer, etwas steiler Aufstieg zum Kalvarienberg

Im Lampertstal gedeihen viele Heilpflanzen wie die Küchenschelle

Nach diesem kleinen Vorgeschmack dürfen wir uns zunächst auf ganz viel Natur freuen. Hinter Dollendorf beginnt das zauberhafte **Lampertstal**. Nach der Überquerung der Brücke wird das Auto auf dem Wanderparkplatz Wacholderweg abgestellt. Von dort aus geht es linker Hand zur Landstraße. Schon nach wenigen Metern fällt der Blick auf einen Hang, an den sich zahlreiche Wacholderbüsche schmiegen. Wir folgen der Landstraße nun nach rechts in Richtung Ripsdorf. Nach gut 300 Metern biegen wir links ab. Vor unseren Augen öffnet sich ein weites Wiesental, das zwischen dicht bewaldeten Hängen liegt. Ein bequemer Weg führt hindurch – immer entlang des murmelnden Lampertsbachs.

Dieses liebliche Tal ist ein botanisches Schatzkästlein. Hier wachsen Pflanzen, von denen nicht wenige vom Aussterben bedroht sind. Mit dem Frühjahr kommt die Farbenpracht. Der erste Vorbote ist die dunkelblau-violette Küchenschelle, die schon im März tausendfach zum Vorschein kommt. Bald folgen ihr dottergelbe Schlüsselblumen, leuchtende Scheidenkronwicken, Windröschen und zahlreiche Orchideenarten. Anfang September lassen sich dann die rosavioletten Blüten der Herbstzeitlosen sehen sowie Enziane in kräftigem Blau oder blassem Rosa.

Natürlich ist dieses Blütenmeer auch ein Eldorado für Insekten, zu denen viele seltene Schmetterlingsarten gehören. So flattern zur Blütezeit der Schlüsselblumen zum Beispiel Schlüsselblumenscheckenfalter über die Wiese. Im dichten Grün der Hänge lassen sich viele Vogelarten erspähen. Zwischen Buchen, Eichen, Tannen, Schlehenbüschen, Stachel- und Johannisbeersträuchern bauen Meisen, Kleiber, Spechte und Dompfaffen ihre Nester. Und mit etwas Glück kann man auf Felsen und Steinen auch mal eine Eidechse oder Blindschleiche beim Sonnenbaden beobachten.

Der Grund für diese einzigartige Flora und Fauna ist der karge Boden. Er ist ein Erbe der Vergangenheit, denn wir stehen mitten in der alten „Eifeler Südsee". Vor rund 380 Millionen Jahren bedeckte das Meer diesen Landstrich. Allerdings war das Wasser damals mit 21 Grad Jahresdurchschnittstemperatur tropisch warm. Mit der Zeit bildeten sich Riffe, die später austrockneten und versteinerten. Zurück blieben Fossilien wie Korallen und Seelilien sowie ein zerklüfteter, kalkhaltiger Boden. Daraus entstand der „Kalkmagerrasen", wie das Fachwort für diese Vegetationsform heute heißt. Da der Regen darin schnell

Natürliche Rasenmäher: Schafe sorgen für den Erhalt der Landschaft

versickert, ist die Erde im Lampertstal sehr trocken. Hinzu kommt: An den Südhängen kann die Temperatur im Sommer auf über 60 Grad klettern. Unter solchen Bedingungen gedeihen eben nur genügsame Pflanzen, die man sonst eher in südlichen Ländern sieht.

Doch die geologische Vergangenheit ist nur eine Ursache für das Landschaftsbild. Den Rest trug der Mensch dazu bei. Im Mittelalter rodeten die Ur-Eifeler zunächst den Wald, dann sorgten Schafe dafür, dass Büsche und Bäume kurz blieben. Um das landschaftliche Kleinod, das 1977 unter Naturschutz gestellt wurde, zu erhalten, wird diese alte Tradition heute bewusst fortgeführt. Jahr für Jahr zieht ein Wanderschäfer mit einer Herde genügsamer Bentheimer Landschafe über die Kalkhänge. Überließe man die Region sich selbst, würde sich bald der Wald das Gebiet zurückerobern – und viele der licht- und wärmeliebenden Pflanzen hätten keine Chance zum Überleben.

Die Berg-kapelle von Alendorf lädt zum Verweilen ein

Nach rund vier Kilometern ist das Ende des Tals erreicht. Die ersten Häuser tauchen auf. Willkommen in **Alendorf**! Das 270-Seelen-Dorf liegt auf einem Hochplateau und ist weiträumig eingebettet in Wacholderhügel. An den Hängen sowie am Wegesrand, überall wachsen die Minibäume, die wegen ihrer Wuchsform auch als „Zypressen des Nordens" bezeichnet werden. Es sieht fast aus, als hätte ein Maler sie mit seinem Pinsel in die Landschaft getupft.

Und der Blick auf dieses Naturgemälde wird noch besser. Erreicht man die Landstraße, erscheint rechts oben am Berg eine Kapelle. Sie ist das nächste Etappenziel. Auf dem Weg dorthin kann man noch eine kleine Runde durchs Dorf drehen, ein romantisch gelegener, winziger Ort, der aber auf eine umso längere Geschichte zurückblicken kann. Bereits 1271 wurde er zum ersten Mal unter dem Namen Aldindorph urkundlich erwähnt. Und bis heute scheinen die Uhren dort etwas langsamer zu gehen ...

Müde Wanderer finden viele Bänke entlang des Weges

Bei der kleinen **Bergkapelle** aus Sandstein kann man sich Zeit für die verdiente Verschnaufpause nehmen. Das Kirchlein selbst stammt aus dem Jahre 1494, ist aber meist verschlossen. Immer offen ist jedoch der Friedhof mit angrenzender Kriegsgräberstätte, wo man sich in Ruhe die verwitterten Grabsteine anschauen kann, die im Schatten der knorrigen Buchen liegen. Vor allem aber sollte man von hier oben die herrliche Aussicht auf dieses verwunderliche Fleckchen Erde genießen. Der Blick fällt auf den Hämmersberg, den Eierberg und schließlich den Kalvarienberg, der über und über mit Wacholder bewachsen ist. Direkt von der Bergkapelle aus führt ein schmaler Pfad zum Fuß des Kalvarienbergs. Dort beginnt der steile, aber kurze und leicht zu bewältigende Kreuzweg.

Sieben der Bildstöcke ließ ein Blankenheimer Graf von 1663 bis 1680 aus rotem Sandstein errichten. Auch eine Kapelle wurde damals gebaut, die heute jedoch nicht mehr existiert. Im 19. Jahrhundert wurde der Passionsweg um weitere Stationen erweitert.

Nach wenigen Minuten ist das **Gipfelkreuz des Kalvarienbergs** erreicht (525 Meter), das die Jahreszahl 1675 trägt. Lassen Sie sich auf einer der Bänke nieder und genießen Sie den phänomenalen Rundblick über die Eifelhöhen. Der Ort verfügt über eine ganz besondere Atmosphäre und will mit seinen sanften Wacholderhügeln, den windschiefen Bäumen und den bizarren alten Kreuzen kaum in die Eifel passen. Es ist ein magischer Platz mit einer ganz eigenen Ausstrahlung. Je nach Wetter, Tages- und Jahreszeit kann man hier oben die verschiedensten Stimmungen erleben. Am schönsten ist es im Hochsommer, wenn das Gras von der Sonne ausgedörrt ist, die Steinkreuze aufgeheizt sind und der Wacholder sein süd-

Bizarr: das Gipfelkreuz des Kalvarienbergs im Winter

liches Flair verbreitet. Aber auch der Herbst hat seine Momente. So kann es einem im Nebel auf dem Kalvarienberg sogar ein wenig angst und bange werden. Und wenn die Schneeflocken um das Gipfelkreuz und den immergrünen Wacholder wirbeln, bekommt der Platz etwas vollkommen Unwirkliches. So ist dieser Ausflug zu allen Jahreszeiten ein Genuss.

Der Rückweg führt zunächst wieder durchs Lampertstal. Ein Pfad, der direkt am Berghang des Kalvarienbergs entlang führt, bringt uns hinunter. Während wir im Tal auf dem uns schon bekannten Weg zurückmarschieren, können wir über eine Sage nachsinnen, die sich im Lampertstal begeben haben soll: Ein Ritter soll dort eine wunderschöne **blaue Blume** gefunden haben. Er pflückte sie, und plötzlich tat sich ein Gang zu einem unterirdischen Gewölbe auf. Darin war eine Frau in einem weißen Gewand, die ihm Gold- und Silberschätze anbot. Der Ritter stopfte sich die Taschen voll und machte sich auf den Rückweg. Doch dabei überhörte er den Ratschlag der Zauberin, die sagte: „Vergiss das Beste nicht." Aber genau das tat er. Er vergaß die blaue Blume. Als er wieder im Lampertstal angekommen war, fand er seine Taschen leer und der Gang war verschwunden. Die blaue Blume war der Schlüssel zum Schatz, und sie blüht nur alle 100 Jahre. Schon die Romantiker suchten die „blaue Blume" als Erlösungsort. Im Lampertstal scheint von der romantischen Stimmung etwas übrig geblieben zu sein. Machen Sie die Augen auf – und nehmen Sie die besten Gedanken vom Kalvarienberg mit nach Hause.

Wir können nun den gleichen Weg zurück zum Parkplatz gehen, den wir gekommen sind. Wanderer, die etwas abenteuerlustiger sind, variieren die zweite Hälfte des Rückwegs. In diesem Fall muss man auf die Abzweigungen linker Hand achten. Wir nehmen das zweite Seitental, durch das zwei Wege führen, und folgen dem zweiten Pfad. Er führt entlang der rechten Seite des Tals. An den beiden Bänken mit der Statue des Heiligen Mathias biegen wir nach rechts in den Wald ein und gelangen nach wenigen Metern bergauf auf einen Waldpfad. Diesem folgen wir in nordöstlicher Richtung. Links liegen weite Felder, rechts der Waldrand. Auf der Höhe von Ripsdorf zweigen von einer Gabelung mehrere Wege ab. Hier folgen wir der Markierung W und spazieren nun am Hang entlang auf dem Wacholderweg. Die Landschaft strahlt auf dieser Strecke eine seltene Ruhe aus. Am Ende des Weges folgen wir dem steilen Pfad zur Linken den Berg hinunter. Die Markierung W führt bis zur Kreisstraße. Auf der anderen Seite geht der Wacholderweg weiter. Über den Höneberg bringt er uns durch einen lichten alten Kiefernwald zum Parkplatz zurück.

Aufstieg zum Michelsberg

Länge: 1 km, Gehzeit: rund eine halbe Stunde hin und zurück, Schwierigkeitsgrad: einfach

Wer jetzt noch kann und Lust auf einen weiteren Passionsweg hat, für den hält der Rückweg ein kleines Schmankerl bereit: den Michelsberg (588 Meter).

Schon von weitem sieht man den hohen **Basaltkegel** des Michelsbergs, auf dessen Gipfel der weißgetünchte Turm der Kapelle in den Himmel sticht. In dem Kirchlein wird schon seit Jahrhunderten der Erzengel Michael verehrt. Der Weg auf den Berg führt uns durch einen Buchenwald an imposanten Steinkreuzen vorbei. Oben angekommen eröffnet sich ein grandioser Fernblick: Bei günstiger Sicht ist sogar der Kölner Dom zu sehen.

Und unter den Füßen ruht ganz viel Geschichte: Ein fin-

diger Wanderer entdeckte hier jahrtausendealte Steinwerkzeuge wie etwa Spitzen aus Feuerstein. Damit erleg-
ten unsere Vorfahren Ure, Wisente und Elche. Später erklommen die Römer den Hügel und hielten auf der Kuppe
Wacht. Am Fuße des Vulkanbergs verlief die Heerstraße
von Bonn nach Trier. Im 4. und 5. Jahrhundert machten
die Franken den Berg zu einer Gerichts- und Opferstätte.
Daran erinnert der Name des Dorfes, das sich an den
Hügel schmiegt: **Mahlberg**. Mahal oder Mahl bedeutet
Gericht. Die erste Kapelle stand hier vermutlich bereits
um 1300. Seitdem zog der Berg Menschen in Not magisch an. Sie kamen, als die Pest in der Eifel wütete oder
während der Wirren des Dreißigjährigen Krieges. Selbst
aus Köln strömten die Wallfahrer herbei. In den dreißiger
Jahren des 18. Jahrhunderts pilgerten täglich bis zu 3000
Menschen auf den Michelsberg.

Übrigens: Die Kapelle soll einen wirklich ungewöhnlichen Bauhelfer gehabt haben. Man munkelt, dass „dr
Düüvel" höchstpersönlich die schwersten Steine auf seinem Buckel auf den Berg geschleppt habe. Man hatte
ihm vorgemacht, dass dort oben ein Wirtshaus entstehen
würde. Doch als er sah, dass man ein Kreuz auf dem

Die Eifel –
Landschaft
mit vielen
Facetten

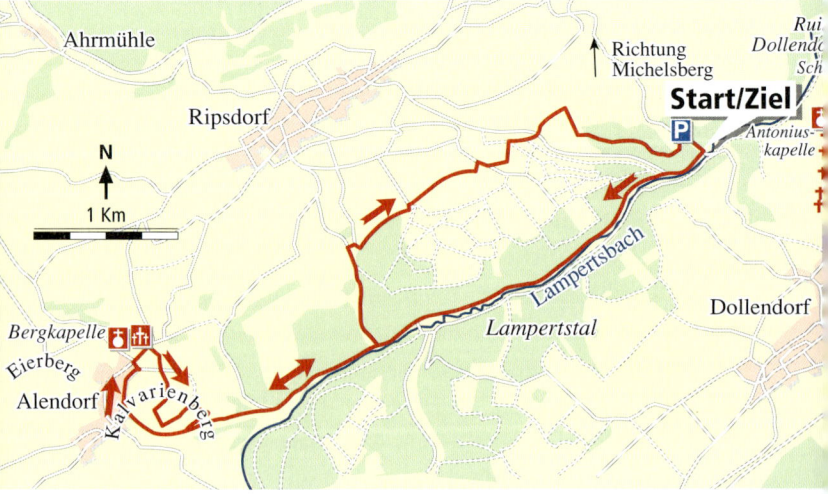

Schauplatz vieler Sagen und Legenden: der Michelsberg

Dach errichtete, schleuderte er die Steine weit von sich – bis nach Diefenbach. Der Teufelsstein, in dem sich die Klauen des Leibhaftigen eingegraben haben, soll heute unter der Landstraße nach Steinfelderheistert liegen. Oder vielleicht ruhen die Steine auch in dem Dorf Witscheiderhof, wo mehrere Brocken liegen, die merkwürdige Einritzungen aufweisen. Wer weiß es schon genau ...

Anfahrt:

Zum Lampertstal: A 1, Abfahrt Blankenheim, B 51 nach Blankenheim. Auf der B 258 in Richtung Ahrhütte. Abzweigung nach Dollendorf nehmen. Abstecher über Schloßthal. Weiter bis Dollendorf. Nun Richtung Ripsdorf. Nach der Brücke über den Lampertsbach zum Wanderparkplatz Wacholderweg. Dort gibt eine Karte Auskunft über das Gebiet.

Zum Michelsberg: Über Rohr, Tondorf, Schönau nach Bad Münstereifel-Mahlberg, dort am Fuße der Anhöhe parken.

Auskunft:

• Bürger- und Verkehrsbüro Blankenheim, Rathausplatz 16, 53945 Blankenheim, Tel.: 02449/872-22 bis -24, Fax: 02449/873 03, E-Mail: verkehrsbuero@blankenheim-ahr.de, **www.blankenheim-ahr.de**

• Deutsch-Belgischer Naturpark Hohes Venn – Eifel, Steinfelder Str. 3, 53947 Nettersheim, Tel.: 02486/91 11 17, E-Mail: info@naturpark-hohesvenn-eifel.de, **www.naturpark-hohesvenn-eifel.de**
Beide Auskunftsstellen informieren u.a. über geführte Wanderungen, die häufig jahreszeitlichen Bezug haben. So gibt es im Mai eine Vogelstimmenwanderung, im Mai und Juni eine Orchideenwanderung und im Herbst einen Enzianblüten-Spaziergang. Auf Anfrage werden sogar Touren angeboten, bei denen ein Besuch beim Schäfer und seiner Schafherde Teil des Programms ist.

Hinweise:

• Auf dem Kalvarienberg finden jedes Jahr Kreuzwegprozessionen statt. Auch von Schloßthal nach Dollendorf zieht alljährlich an Karfreitag, in der Regel um 10 Uhr, eine Prozession von der Pfarrkirche St. Johannes Baptist in der Ortsmitte von Dollendorf bis zum Schlusskreuz nach Schloßthal.

• Wacholderfest in Alendorf, jährlich am 2. Augustwochenende. Hier kann man den Wacholder auch kulinarisch genießen: als Wacholderkraut mit Püree, Wacholder-Schinken-Platte, Wacholder-Honig oder als „Lampertstaler", einem Doppelwacholder, der es in sich hat.

Karten:

• Wanderkarte Nr. 12 des Eifelvereins, „Blankenheim, Oberes Ahrtal", 1:25.000, **www.eifelverein.de**

• Eine Karte der Gemeinde Blankenheim informiert über den „Tiergartentunnelwanderweg", der die mittelalterliche Wasserversorgung der Burg Blankenheim, Naturschutzgebiete, Naturdenkmale, die ehemalige Ahrtalbahntrasse und den historischen Ort Blankenheim miteinander verbindet. Außerdem verläuft ein Teil des Eifel-Geopfades als „geologischer Lehr- und Wanderpfad" durch die Region.

2

Vom Hochgenuss des Blicks

Löwenburg und Erpeler Ley

Das Auge schweift weit über die Höhen – ins Siebengebirge, hinüber zur Eifel, südlich bis zum Westerwald.
Und in der Tiefe schlängelt sich das Rheintal. Ein Blick
wie aus dem Bilderbuch. Zu finden: im Süden der verwunschenen „sieben Berge" – hoch über Königswinter,
in den Ruinen der einst so wehrhaften Löwenburg oder,
genauso spektakulär, vom Basaltfelsen der Erpeler Ley.

Rundwanderung zur Löwenburg

Länge: rund 4 km, Gehzeit: ca. 2 Stunden, Schwierigkeitsgrad: einfach, kurzer steiler Aufstieg zur Ruine

Zunächst spazieren wir ein kurzes Stück die Löwenburger Straße entlang. Sie beginnt am Parkplatz Margarethenhöhe. Nach rund 300 Metern geht es rechts ab, in Richtung Nasseplatz. Der bequeme Weg führt durch einen hohen Wald – und hat zu jeder Jahreszeit seinen

Am Berghang festgeklammert: Alte Bäume säumen den Weg zur Löwenburg

Reiz. Im Sommer fasziniert das Lichtspiel der Sonnenstrahlen, wenn sie sich ihren Weg durch das grüne Dickicht bahnen. Im Herbst rauscht der Wind durch die Bäume, dann knackt es im Gehölz. Im Winter friert der Nebel an den Ästen und überzieht den Wald mit Raureif. Am Wegesrand gibt es viel zu entdecken: Steinbrocken, die mit Moos überwuchert sind, bizarre Felsen, an denen sich knorrige Wurzeln festklammern und vieles andere mehr. Bereits nach wenigen Metern taucht die Lohrberg-Quelle auf. Kurze Zeit später kommen wir an einem Wildgehege vorbei und treffen anschließend auf einen imposanten Steinbruch. Ihm gegenüber liegt der **Nasseplatz**. Dort steht – umringt von Bänken – ein Gedenkstein, gewidmet Berthold Nasse (1831–1906). Der ehemalige Oberpräsident der Rheinprovinz war ein großer Förderer des Naturschutzes im Siebengebirge und verbot beispielsweise den Steintransport auf den Wegen.

Nach der großen Wiese folgen wir dem steinernen Wegweiser. Nun sind es noch 1,2 Kilometer bis zum Ziel.

Ein erster
Aussichts-
punkt – zum
Verweilen und
Entspannen

Nach ein paar Minuten ist schon der erste **Aussichts-punkt** erreicht. Von der Kanzel aus sieht man auf den Rhein, den Drachenfels und die Löwenburg. Ein wildromantischer Anblick, wie er für das Siebengebirge so typisch ist: verfallene Ruinen vor einer dramatischen Naturkulisse. Diese „Postkartenansichten" lockten schon vor rund 200 Jahren zahlreiche Besucher auch aus dem Ausland an. Während heute Amerikaner und Japaner den Rhein hoch- und runterschippern, zog die Rheinromantik damals vor allem Engländer in ihren Bann. Zu ihnen gehörte der Dichter Lord Byron. 1816 bereiste er den Mittelrhein mit Schiff und Postkutsche und ließ sich zu seinem bekannten Gedicht über den Drachenfels inspirieren, beginnend mit den Zeilen:

The castled crag of Drachenfels
Frowns o'er the wide and winding Rhine,
Whose breast of waters broadly swells
Between the banks which bear the vine,...

Ein Jahr später folgte ihm William Turner, der seine Eindrücke in zahlreichen berühmten Gemälden verewigte. Weiter geht es auf dem Wanderweg K um den Lohr-

berg herum. Kurz vor dem Aufstieg zur Ruine kommt
man noch am Waldrestaurant „Löwenburger Hof" vorbei. Dahinter windet sich der Pfad dann recht steil durch
Laub- und Mischwald hoch zur **Löwenburg**.

Auf dem 455 Meter hohen Gipfel angekommen, durch-
queren wir die Vorburg und erklimmen ein paar Treppen.
An verwitterten, efeuumrankten Steinen vorbei gelangt
man zur äußersten Mauer. Und dort gilt es, tief Luft zu
holen und anzuhalten. Denn hier oben wird man mit dem
wohl schönsten Panorama belohnt, welches das Siebengebirge zu bieten hat. Nichts bremst den Blick. Schier
unendlich kann man nach Süden, Westen und Osten
schauen. Wem die Beine schwer geworden sind, der
nimmt Platz unter der Eiche. Eine runde Bank lädt zum
Verweilen ein. Oder man setzt sich in der Nähe des alten
Torbogens auf die Erde, an eine warme Steinmauer ge-
lehnt – und spürt den Atem der Geschichte. Denn die Löwenburg hat viel zu erzählen.

Das Siebengebirge zu Füßen des Wanderers

Der welt-
berühmte
Drachenfels –
von der
Löwenburg
aus gesehen

Vor rund 800 Jahren wurde sie errichtet. Bauherr war Heinrich II., Graf von Sayn. Er gab der majestätischen Festung den Namen „Lewenburg"; warum er das tat, weiß man nicht genau. Möglicherweise, weil sein Wappentier der Löwe war. Aber auch ein anderer Grund ist denkbar: „Leuwen" ist der alte Name für Felskegel. Und stark wie ein Löwe musste die Burg auf alle Fälle sein. Denn sie stand ständig unter Doppelfeuer. Zum einen wurde das Bollwerk von den Grafen von Berg bedroht und zum anderen von den noch mächtigeren Kölner Erzbischöfen, die sich nur zu gerne das Territorium einverleibt hätten. Zu ihren Bastionen gehörten die Wolkenburg und die Burg auf dem Drachenfels. Und beide Bauwerke waren – wie man heute noch sieht – zum Greifen nahe. Aber die Löwenburg hielt stand und erlebte später infolge von Heiraten und Erbschaften zahlreiche Besitzerwechsel. Der Verfall begann vor 500 Jahren. Heute ist die Ruine eine der wenigen mittelalterlichen Höhenburgen am Mittelrhein, deren historische Grundmauern original erhalten geblieben sind. Auch die Zisterne im Burghof, zwei Seitenmauern des ehemaligen Bergfrieds und die Zwingermauern mit den beiden Halbtürmen stehen noch. Aus diesen Überresten kann man mit etwas Phantasie das frühere Aussehen des langgestreckten Anwesens leicht rekonstruieren. Mehrere Schautafeln helfen dabei.

Wer mag, geht auf der anderen Seite des Berges zurück und legt eine Vesperpause im „Löwenburger Hof" ein. In der früheren Almwirtschaft kann man unter Kastanien auf einer großen Terrasse sitzen, auf eine weite Wiese schauen und dabei frische Waffeln oder hausgemachten Kuchen schmausen. Anderenfalls folgen wir dem Zei-

Nur zu Fuß zu erreichen: die Ruinen der Löwenburg

Siebengebirgs-romantik pur: die einst so wehrhafte Burg der Grafen von Sayn

chen R. Nach kurzer Gehzeit kommen wir an einer Schutzhütte vorbei, von der aus man den berühmten **Drei-Seen-Blick** hat. Zwar sieht man von dieser Stelle eigentlich nur den Rhein. Doch da der Fluss durch Hügel im Blickfeld in mehrere Abschnitte geteilt wird, hat man die Anmutung, es handle sich um verschiedene Gewässer. Nachdem man sich satt gesehen hat, laufen die Füße fast von allein zum Parkplatz zurück. Und dabei bewegen sie sich die ganze Zeit über auf geologisch spannendem Terrain. Alexander von Humboldt bezeichnete die Hügellandschaft mit ihren mehr als 30 bewaldeten Bergkuppen als achtes Weltwunder. Warum? „Auf diesem Landstrich sind fast alle Kräfte und Vorgänge vereinigt, die am Aufbau der Erdkruste arbeiten" – so erklärte einmal der Bonner Geologe Hans Cloos, der den vulkanischen Ursprung des Siebengebirges erforschte. Vor über 20 Millionen Jahren hoben Vulkane den Boden in die Höhe. Durch Erosion schälte sich dann im Lauf der Zeit das harte Lava-Gestein aus dem Untergrund.

1836 wurde der Drachenfels unter Schutz gestellt. Damit ist das Siebengebirge eines der ältesten Naturschutzgebiete Deutschlands. Mehr über die faszinierende Landschaft und die Erdgeschichte erfahren Sie im **Naturparkhaus Siebengebirge**, das wenige Meter vor der Margarethenhöhe auftaucht. Dort lernt man unter anderem, dass es über die Entstehung des Namens Siebengebirge zwei Theorien gibt. Zum einen sind da die sieben Berge: Ölberg, Löwenburg, Lohrberg, Nonnenstromberg, Petersberg, Wolkenburg und Drachenfels. Zum anderen heißen aber auch die schluchtartigen Bachtäler im Rheinischen „Siefen" oder „Siepen" – und davon kann der Name des buckligen Landstrichs ebenfalls abgeleitet worden sein. Im angrenzenden Erlebniswald lassen sich anschließend noch eine „Galerie der Steine" und ein „Waldbienenhotel" bestaunen.

Wer noch einen weiteren wunderbaren Blick auf das Rheintal genießen möchte, besteigt den Ölberg. Der Aufstieg beginnt auf der anderen Seite der Landstraße, genau gegenüber dem Parkplatz Margarethenhöhe. Nach rund 15 Minuten hat man den 461 Meter hohen Gipfel erreicht, den höchsten Punkt des Siebengebirges – und kann es sich auf der Terrasse des Berggasthauses gut gehen lassen. Oder man fährt noch ein paar Kilometer südlich, nach Erpel.

Zu jeder Jahreszeit ein anderes Gesicht: die Löwenburg im Winter

Abstecher zur Erpeler Ley

Hoch über dem Rhein und dem Dorf Erpel erhebt sich die Erpeler Ley. Und wahrscheinlich fragen sich die meisten der Erpeler, warum ihre Ley nicht mindestens ebenso berühmt ist wie die vielbesungene Loreley. Genauso beeindruckend ist der 191 Meter hohe und sehr markante Basaltfelsen ohne Frage.

Müde Wanderer können den „Aufstieg" bequem mit dem Auto zurücklegen. Der Weg ist ausgeschildert. Oben erwartet den Besucher ein Plateau mit einer großen Wiese. Eine Schautafel am Parkplatz weist auf die Sehenswürdigkeiten der Region hin. Dort, wo der wuchtige Fels zum Rhein abfällt, steht ein hohes **Holzkreuz**. Von hier aus kann man einen weiteren, atemberaubenden Fernblick über den rheinischen „Grand Canyon" genießen. Vor dem Auge liegen die goldenen Auen der Ahrmündung sowie die buckligen Höhen der Eifel, des Siebengebirges und des Westerwalds. Flussabwärts kann man Unkel erspähen, flussaufwärts Kasbach und dahinter Linz. Bei guter Fernsicht schaut man sogar bis nach Bad Breisig, Bad Hönningen und Andernach. Weitere Blickfänge sind der „Golfball" der Forschungsgesellschaften für angewandte Naturwissenschaften über dem Wachtberg und die Apollinariskirche auf dem gleichnamigen Berg.

In der Tiefe schmiegt sich Erpel an den Hang, auf der anderen Seite Remagen. Auf beiden Rheinseiten sieht man noch die schwarzen Brückenpfeiler der Ludendorffbrücke. Um die ehemalige Eisenbahnbrücke tobte in den letzten Monaten des Zweiten Weltkriegs ein erbitterter Kampf. Während die Deutschen die Stahlkonstruktion sprengen wollten, versuchten die Amerikaner sie zu erobern – zunächst mit Erfolg. Am 17. März 1945 stürzte die schwer beschädigte Brücke jedoch ein und riss 28 amerikanische Soldaten in den Tod. An diese Tragödie erinnert das große Friedenskreuz, neben dem wir gerade stehen. Es wurde nach dem Krieg von der Gemeinde zum Abschluss des Wiederaufbaus von Erpel aufgestellt. Doch das Plateau hat noch mehr Historie zu bieten: An der Südkuppe befindet sich ein **Gedächtnisstein**, der anlässlich eines unfreiwilligen Wendemanövers des Grafen von Zeppelin errichtet wurde. Dieser hatte sich im August 1909 mit seinem lenkbaren Luftschiff zur Jungfernfahrt über den Rhein aufgemacht. Doch ein Unwetter drohte den Zeppelin gegen die Ley zu drücken, und er musste umdrehen.

Außerdem ist der mächtige Felsbrocken unter unseren Füßen auch ein Naturdenkmal. Vor etwa 25 Millionen Jahren wurde der glühende Basalt aus der Erde gespuckt. Damals war es an diesem Ort so warm, dass Palmen am Rheinstrand wuchsen. Allerdings war „Vater Rhein" in jener Zeit nicht breiter als ein Bach. Erst vor rund 700 000 Jahren begann er sein Bett zu graben. Neben der Evolution hat auch der Mensch einiges zum heutigen

Kleine Schwester der Loreley: die Erpeler Ley mit Pfeilern der Brücke von Remagen

Aussehen der Erpeler Ley beigetragen. Die erkaltete Basaltlava soll bereits den Römern als Steinbruch gedient haben. Bis zu Beginn des 20. Jahrhunderts wurde hier Basalt abgebaut. 1941 wurde der Felsen dann unter Naturschutz gestellt. Das große Loch in der Felswand, welches man vom Rhein aus sehen kann, diente als Ausgang des Steinbruchs. Durch das so genannte **Leyenloch** wurden die Basaltsteine, die im Inneren des Berges abgebaut wurden, hinausgekippt, auf Schubkarren verladen und über Holzbohlen auf die Schiffe zum Rhein hinab befördert. Lassen Sie sich daher nicht verschaukeln, wenn Ihnen ein Rheinschiffer erzählen will, dass in diesem Felsen der berühmte Drache wohnte, bevor er in den Drachenfels umsiedelte. Auch eine andere Geschichte muss man nicht unbedingt wörtlich nehmen: Zu der Zeit, als am Rhein noch die Erzbischöfe regierten, hatte der Fährmann Pauls aus Erpel einmal ein merkwürdiges Erlebnis. Es war schon nach Mitternacht, als er herbeigerufen wurde. Allerdings war es in jener Nacht so dunkel, dass er die Hand vor Augen nicht sehen konnte. Er hörte nur viele kleine Füße, die in sein Boot sprangen. Nachdem er das andere Ufer erreicht hatte, erfuhr er, welche Fahrgäste er da übergesetzt hatte. Es waren Zwerge, die ihren alten Stollen verlassen hatten. Denn dieser war nach langen Jahren wieder von Bergleuten in Betrieb genommen worden. Jetzt wollten sie ins Brohltal. Sie hatten gehört, dass es dort sehr bequeme Höhlen geben sollte.

Abstecher in die Mariengrotte

Wem der Sinn nun nach etwas Ruhe steht, der unternimmt auf dem Rückweg einen Abstecher in die **Mariengrotte**. Hierzu biegt man kurz vor der Eisenbahnbrücke in Erpel nach rechts in die Marienstraße ein. Am Ende

der Sackgasse befindet sich ein ehemaliger Bergwerksstollen, der etwa
120 Meter tief ist. Dort haben die
Erpeler im Zweiten Weltkrieg Schutz
vor den Bombenangriffen gesucht
und gefunden. Als Dank für die Rettung der Bürger wurde am Stollen-
eingang um 1950 eine Marienstatue
aufgestellt. Heute ist es ein ruhiger,
stiller Ort, der zur inneren Einkehr
einlädt.

Danach kann man noch einen kleinen Bummel durch Erpel unternehmen, das über einige prunkvolle Ba-

Fachwerk und mehr – das bietet ein Gang durch die „Herrlichkeit Erpel"

rockbauten verfügt. Dazu gehören das schmucke Rathaus von 1780 neben der Kirche sowie der ehemalige
Fronhof des Kölner Domkapitels an der Rheinfront. In
der Altstadt lassen sich zahlreiche windschiefe Fachwerk-
häuser rund um den Marktplatz bestaunen. Ebenfalls
sehenswert sind das mittelalterliche Neutor und die Reste der ehemaligen Stadtmauer. Auch die spätromanische
Kirche **St. Severin** aus dem 13. Jahrhundert lohnt den
Besuch, zumal sie eine illustre Geschichte zu bieten hat.
Sie steht auf den Grundmauern einer noch älteren Kirche
aus dem 10. Jahrhundert. Und diese soll für kurze Zeit
die Gebeine der Heiligen Drei Könige beherbergt haben,
als der Erzbischof Rainald von Dassel sie 1164 von Mai-
land nach Köln brachte. Die drei Kronen im oberen Feld
des Ortswappens erinnern an diese Legende. Der Ortsna-
me selbst – so wird vermutet – könnte von den Römern
stammen. Möglicherweise nannten sie ihn „hera pila",
was übersetzt so viel heißt wie „beherrschender Fels".
Genau auf der anderen Rheinseite, im heutigen Remagen,
befand sich damals das Römerlager „Rigomagus". Und

von dort aus schauten die Legionäre jeden Tag auf den mächtigen Felsen der Erpeler Ley, der vor dem Basaltabbau noch viel höher und wuchtiger als heute war.

Anfahrt:

B 42, Abfahrt Königswinter. Richtung Oberpleis. In Ittenbach auf der Margarethen-höhe parken. Am Rand des Parkplatzes informiert eine Karte über die nähere Um-gebung. Alternative Parkmöglichkeit: über die Löwenburger Straße zum Lahrring. Nach Erpel weiter über die B 42 Richtung Linz.

Auskunft:

• Tourismus Siebengebirge GmbH, Drachenfelsstraße 51, 53639 Königswinter, Tel. 02223/91 77 11, E-Mail: info@siebengebirge.com, **www.siebengebirge.com**
• Verschönerungsverein Siebengebirge (VVS), Margarethenhof, Königswinterer Str. 409, 53639 Königswinter, Tel. 02223/90 94 94, **www.naturpark-siebengebirge.de**
• Gemeindeverwaltung Erpel, Rathaus, Frongasse 1, 53579 Erpel, Tel. 02644/2570 (Mo und Do 18-19 Uhr), **www.herrlichkeit-erpel.de**

Hinweise:

• Zur Geschichte des Siebengebirges informiert das Siebengebirgsmuseum, Keller-straße 16, 53639 Königswinter, Tel. 02223/3703, **www.siebengebirgsmuseum.de**
• Naturparkhaus Siebengebirge, Königswinterer Str. 409, 53639 Königswinter, Tel. 02223/909494
• Friedensmuseum Brücke von Remagen e.V., 53424 Remagen, Tel. 02642/218 63 (Dez.-Febr. geschlossen), **www.bruecke-remagen.de**.
• Jedes Jahr findet in Erpel eines der ältesten Winzerfeste statt – immer am dritten Wochenende im September, von Freitag bis Montag, **www.weinfest-erpel.de**
• „Rhein in Flammen", jährlich am ersten Samstag im Mai
• Im Siebengebirge gibt es viele weitere reizvolle Wanderstrecken. Informationen bei den Auskunftsstellen (s.o.) und im Internet unter **www.wandermeile.de**

Einkehren:

• Waldrestaurant Löwenburger Hof, Löwenburger Str. 30, 53639 Königswinter, Tel. 02223/244 46, täglich 10-18.30 Uhr (Sommer), im Winter bis zur Dämmerung.
• Berggasthaus auf dem Ölberg, Auf dem Ölberg, 53639 Königswinter, Tel. 02223/219 19, Di-Fr. ab 10 Uhr, Sa/So ab 9 Uhr.
• Gaststätte Bergesruh, Erpeler-Ley-Plateau, 53579 Erpel, Tel. 02644/3324, Mi-Fr ab 12 Uhr, Sa ab 11 Uhr, So ab 10 Uhr.

Karten:

• Landesvermessungsamt Nordrhein-Westfalen: Bonn und das Siebengebirge mit Rheinsteig (Nr. 22), 1:25.000
• Wanderkarte Unkel und Umgebung (erhältlich bei Tourismus Siebengebirge GmbH)
• LVA Rheinland-Pfalz: Naturpark Rhein-Westerwald, Blatt 1, 1:25.000

3

Allein mit dem Wind

Rund um Gerolstein

Die totale Einsamkeit ist nur eine gute Autostunde von Köln entfernt. Man findet sie auf dem Gipfel des Berges „Alter Voss" – unter den ausladenden Ästen der jahrhundertealten „Befreiungsbuche". Wer einen Hauch von Abenteuer sucht und sich früher für die Romane von Jack London begeistert hat, kann hier oben außerdem eine Überraschung erleben: Mit etwas Glück hört man aus der gegenüberliegenden Schlucht das Geheul der Wölfe von der Kasselburg. Ihr Besuch steht bei diesem Ausflug auf dem Nachmittagsprogramm. Ebenso wie die Besichtigung von erstarrten Vulkanen, eiszeitlichen Höhlen, heidnischen Kultstätten und Kaiserkapellen. Und weil es so viel zu erleben gibt, sollte man früh losfahren – oder am besten gleich ein ganzes Wochenende Zeit mitbringen.

Kurzwanderung zum „Alter Voss"

Länge: rund 2 km, Gehzeit: Aufstieg gemütliche 45 Minuten, Schwierigkeitsgrad: einfach bis mittel

Übersät von Lavabrocken: der Wald auf dem Weg zum Alter Voss

Schon die Größe des Wanderparkplatzes – auf den gerade ein bis zwei Autos passen – lässt ahnen, dass das Eifeldörfchen Berlingen nicht überlaufen ist. Genau hier, neben dem Heiligenhäuschen, beginnt der Wanderweg. Nach rund 100 Metern geradeaus geht es schon rechts ab. Die erste Abzweigung in den Wald ist ein alter Ochsenweg. Am Wegesrand wachsen im Sommer Walderdbeeren, Himbeeren und Brombeeren. Bereits nach ein paar Schritten säumen die ersten Lavasteine den steil bergauf führenden Pfad. Kein Wunder, schließlich befinden wir uns mitten in der Vulkaneifel. Nach wenigen Minuten stoßen wir auf einen geteerten Wirtschaftsweg. Diesem folgen wir nach links, entlang einer Pferdekoppel. Vor dem niedrigen Schuppen biegen wir nach rechts ab. Nun geht es teils am Waldrand, teils an Windschutzhecken vorbei in Serpentinen hoch zur Bergspitze des Alter Voss.

Schon vor dem eigentlichen Ziel wird man mit einem Ausblick belohnt, der seinesgleichen sucht: Bei gutem

Einsame Wege durch natur-belassene Landschaften: das Gerol-steiner Land

Wetter kann der Blick fast unbegrenzt über die Westeifel schweifen. Man sieht den Rockeskyller Kopf, die Kasselburg, die Dietzenley, das Prümer Land, Gerolstein und einen Teil der Gerolsteiner Dolomiten. Die vielen Bäume, die uns zu Füßen liegen, gehören zu einem der größten zusammenhängenden Waldgebiete der Eifel. Es erstreckt sich bis nach Trier.

Auf den letzten Metern kommen wir an einem Hochsitz vorbei. Nun folgen wir schnurstracks dem schmalen, verwunschenen Pfad. Hier, wie zu Beginn der Strecke, kreuzt der Weg die Georoute 3 (Zeichen G). Zu guter Letzt müssen noch ein paar Stufen bewältigt werden, dann ist die Spitze des Vulkankegels erreicht. Sie misst nur wenige Quadratmeter und wird von Lavasteinen umringt. An einen dieser Felsen klammert sich die rund 300 Jahre alte **Befreiungsbuche**, von der heute niemand mehr genau weiß, woher sie ihren Namen hat. Bekannt ist aber, dass sie lange Zeit als strategischer Orientierungspunkt diente. Wie man sich in Berlingen erzählt, haben die Alliierten kurz vor Kriegsende den freistehenden Baum zu diesem Zweck genutzt. Vermutlich hat er auch schon zur Zeit der napoleonischen Kriege diese Rolle gespielt.

Verschnaufen Sie einen Augenblick und lassen Sie sich den Wind um die Nase wehen. Hier oben geht fast immer eine frische Brise, und die Luft ist glasklar. Auf diesem entlegenen Gipfelchen ist man mit sich und der Welt zumeist ganz alleine. Übrigens haben die Menschen schon immer gerne Bergspitzen erklommen, um Abstand vom Alltag zu bekommen – und sich einen (inneren) Überblick zu verschaffen. Nutzen Sie die Gelegenheit! Dann geht's querfeldein zurück zum Ausgangspunkt.

Tipp:
Von hier
weiter zum
Feuerberg
(s. S. 43)

Vom Wanderparkplatz fahren wir nun zunächst durch den 230-Seelen-Ort **Berlingen**. Wem der Magen knurrt, der kann in der „Berlinger Mühle" gut und preiswert zu Mittag essen. Dann geht es zwei Kilometer bergab in Richtung Pelm. Schon während der Fahrt fällt der Blick auf die **Kasselburg**, die seit Hunderten von Jahren das Kylltal überblickt. Die Besichtigung eignet sich vor allem für Familien mit Kindern. Denn in den alten Gemäu-

Ein schmaler Pfad führt zur mächtigen Befreiungsbuche

In der Abend-
sonne: Blick
auf Kassel-
burg und
Alter Voss

ern aus dem 12. Jahrhundert leben Adler, Falken, Geier und das größte Wolfsrudel Westeuropas. Höhepunkte sind die tägliche Wolfsfütterung sowie die Flugschauen. Außerdem sollte man nicht versäumen, den 37 Meter hohen Turm zu besteigen, der wiederum eine schöne Aussicht auf den Alter Voss bietet. Selbst aus dieser Entfernung ist die Buche außergewöhnlich gut zu erkennen. Anschließend folgt der zweite kurze Marsch dieses Tages, den man in der Nachmittagssonne unternehmen sollte.

Wanderung über die „Gerolsteiner Dolomiten"

Länge: rund 7 km, Gehzeit: 2 Stunden,
Schwierigkeitsgrad: leicht, keine Steigungen

Von der Kasselburg aus fährt man ein kurzes Stück in Richtung Gerolstein. Nach rund 300 Metern taucht linker Hand auf der Kuppe der nächste Wanderparkplatz auf – und die Stiefel werden erneut geschnürt. Es lohnt sich, denn auf dieser Strecke, die über ein Plateau führt, reihen sich geologische und kulturhistorische Sehenswürdigkeiten aneinander wie Perlen auf einer Schnur.

Die erste ist der so genannte **Juddekirchhof**, den man nach rund 700 Metern erreicht. Der Name führt eigentlich in die Irre, denn es handelt sich um eine keltisch-römische Kultstätte, die einem typischen Matronenheiligtum ähnelt. Laut einer verwitterten Inschrift wurde dieser Platz am 5. Oktober 124 n. Chr. der keltisch-römischen Muttergottheit Caiva geweiht. Außerdem hat man hier den Gott Herkules verehrt. Man vermutet, dass sich das Heiligtum vom 1. bis 4. Jahrhundert n. Chr. eines regen Zulaufs erfreute. Neben mehreren Tempeln beherbergte es wahrscheinlich ein Theater, Priesterwohnungen, Pilgerunterkünfte und Läden für Devotionalien. Heute ragen aus der weiträumigen, grasüberwachsenen Anlage noch kniehohe Mauern auf.

Nur 400 Meter weiter befindet sich die zweite Sehenswürdigkeit, die **Papenkaule**: ein grasbewachsenes Trockenmaar, das rund 80 Meter im Durchmesser und 20 Meter tief ist und in dem früher die Eifelbauern bestes Gemüse zogen. Es handelt sich um einen ehemaligen Vul-

Die alte Kultstätte, ein Ort der Stille

Eingang zum Buchenloch – in solchen Höhlen lebten die Eiszeitjäger

kankrater aus dem vor etwa 10 000 Jahren ein Lavastrom bis an die Kyll strömte. Der Wanderweg führt am Krater vorbei links in den Wald hinein. Auf einem schmalen Pfad marschiert man nun an den Felsen der **Gerolsteiner Dolomiten** entlang, die ein beeindruckendes Zeugnis der Erdgeschichte sind: Vor rund 380 Millionen Jahren war die Eifel von einem tropischen Meer bedeckt. Die Gerolsteiner Dolomiten sind die Reste eines Schwamm- und Korallenriffs. Der geneigte Wanderer sollte Ausschau nach Resten der untergegangenen Welt halten: Korallen, Seelilien, Schwämmen, Armfüßlern, Muscheln und anderen Versteinerungen – jedoch diese zur Bewahrung der Schöpfung bitte nicht herausklopfen! Nach einigen hundert Metern gelangt man zum **Buchenloch**, einer Karsthöhle, in der eiszeitliche Knochenreste von Mammut, Höhlenbär und Eisfuchs sowie Spuren des Neandertalers und anderer Eiszeitjäger gefunden wurden. Über eine schmale Holztreppe wird die Höhle betreten, die man mit einer Taschenlampe gefahrlos besichtigen kann.

Anschließend marschieren wir noch gut einen Kilometer durch Laub- und Fichtenwald, bis zur **Munterley**. Von diesem Felsen bietet sich ein grandioser Panoramablick über die Brunnenstadt Gerolstein. Dann geht's über einen romantischen Pfad an den Dolomiten entlang zurück zur Papenkaule und zum Parkplatz. Tipp: Wenn die sanft geschwungenen Hügelketten in der Abendsonne liegen, ist's noch mal so schön.

Vor der Rückfahrt bieten sich noch verschiedene Abstecher an: In der Rockeskyller Brennerei kann man sich mit einem guten Eifelschnaps und Spezialitäten aus der Vulkaneifel eindecken. Im September findet in Rockeskyll übrigens ein Erntedankzug statt. Auch Hillesheim ist einen Zwischenstopp wert. Beim Besuch der kleinen Stadt bummelt man an bunten Bürgerhäusern entlang und kann die Stadtmauer aus dem 13. Jahrhundert erklimmen. Doch das Beste kommt ganz zum Schluss: In dem kleinen Dorf Mirbach, das an der L 26 zwischen Hillesheim und Dollendorf liegt, wartet ein kurioses Juwel auf kulturbegeisterte Ausflügler: die **Erlöserkapelle**. Dieses imposante Bauwerk, das über eine Handvoll Häuser wacht, wurde 1902 mit Unterstützung des letzten deutschen Kaiserpaares errichtet. Die Kirche entstand im neoromanischen Stil nach den Plänen des Geheimen Oberbaurates Max von Spitta aus Berlin. Als dieser kaum ein Jahr später verstarb, übernahm der Erbauer der Berliner Kaiser-Wilhelm-Gedächtniskirche, Baurat Franz Schwech-

Kleines Eifel-Schmuckstück: die Erlöserkapelle von Mirbach

ten, das Zepter. Er vollendete vor allem die innere Gestaltung. Der Name der Kapelle und auch so manche Einzelheiten sind von der Erlöserkirche in Jerusalem abgeleitet. Der Innenraum ist über und über mit Mosaiken bedeckt, der Fußboden eine Nachahmung aus der Marienburg in Westpreußen. Die Fensterrosette zeigt das Doppelwappen des Kaiserpaars, umringt von den Wappen der Landesherren.

Wer mehr Zeit hat, kann auch gut ein ganzes Wochenende im Herzen der Vulkaneifel verbringen. Als Ort, um das müde Haupt zu betten, eignet sich Berlingen. Denn in diesem verschlafenen Eifelnestchen, wo nur ab und zu ein Traktor die Dorfstraße entlangtuckert und Katzen um die Häuser streunen, kommt man garantiert zur Ruhe. Außerdem kann man von dort aus noch viele weitere Wanderungen unternehmen, wie beispielsweise zum Feuerberg.

Oben und unten: Die Wände der Kapelle bestehen aus 1001 Mosaiksteinchen

Kurzwanderung zum Feuerberg

Länge: 3 bis 4 km, Gehzeit: 1 bis 1,5 Stunden,
Schwierigkeitsgrad: leicht (nicht für Kinderwagen
geeignet, da Feldwege)

Zunächst marschieren wir auf den Alter Voss (Wegbe-
schreibung siehe S. 35) und schlagen beim Aufstieg unterhalb des Gipfels den Waldweg nach rechts ein. Nach
wenigen hundert Metern stoßen wir auf eine Landstraße,
die überquert wird. Auf der anderen Seite kommen wir
an einer Lavagrube vorbei. Dahinter liegt der Feuerberg,
der schon von sich reden gemacht hat: Angeblich hat hier
ein Pferd einmal ein Loch in die Wiese getreten und
prompt kamen Rauchschwaden heraus. Das zumindest
erzählen sich die Leute aus der Umgebung. Tatsächlich
ist die Erde unter unseren Füßen immer noch in Bewe-
gung, und Vulkanausbrüche sind theoretisch auch heute
noch möglich. Doch keine Angst: Das Brodeln unter der
Erdkruste wird ständig überprüft.
Am Feuerberg halten wir uns dann rechts und spazieren
am Waldrand entlang. Nun kommt noch ein kurzes Stück
Fichtenwald, bevor wir eine kahle Hochfläche erreichen
– und ab hier kann jeder so weit laufen, wie er will. Irgendwann steigt man nach rechts ins Tal hinab zum Berlinger Bach. Dort gibt es ein kleines Schilf- und Sumpf-
gebiet, das unter Naturliebhabern als Geheimtipp gilt.
Anschließend folgt man dem Lauf des Baches bis zum
Dorf.

Auch eine Besteigung der **Dietzenley** lohnt sich. Dieser
immerhin rund 600 000 Jahre alte ehemalige Vulkan-
schlot erhebt sich über den Hängen des Gerolsteiner Stadt-
waldes. Mit 618 Metern ist er der höchste Hügel im Gerolsteiner Land. Von seinem Aussichtsturm bietet sich

Spektakuläre Fossilien gehören zu den Attraktionen des Gerolsteiner Landes

eine herrliche Fernsicht. Etwas unterhalb befinden sich außerdem die Reste eines uralten Keltenwalls, der sich um die Bergflanken zieht. Ausgrabungen deuten auf eine prähistorische Siedlung hin, die 6000 Jahre alt sein soll. Und auch in Gerolstein, im wahrsten Sinne des Wortes eine Stadt „on the rocks", gibt es viel zu entdecken. Die schönsten Fossilien findet man im **Naturkundemuseum Gerolstein**. Ebenfalls sehenswert sind die Fundamente der römischen Villa Sarabodis oder der byzantinisch-wilhelminische Prachtbau der Erlöserkirche Gerolstein.

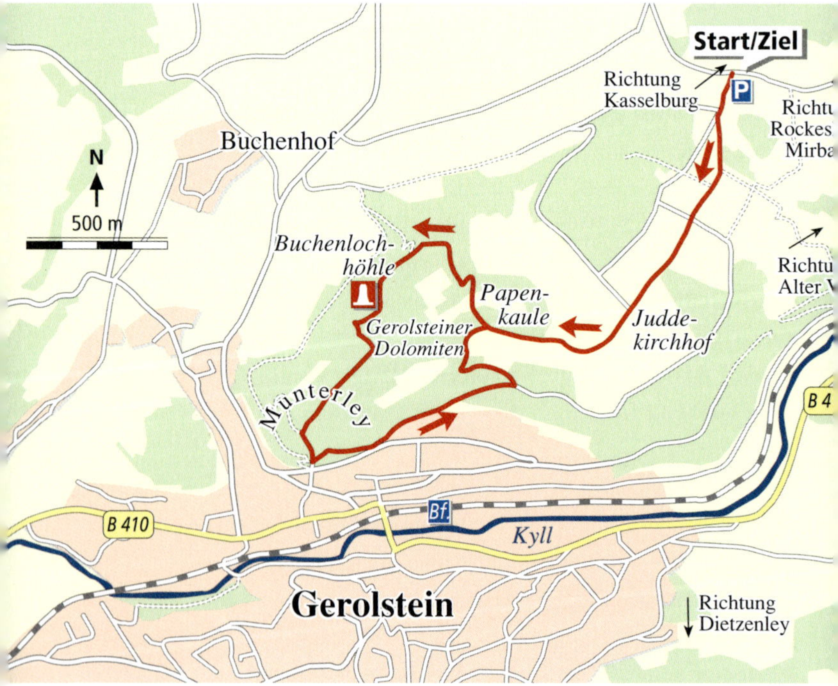

Start/Ziel

Richtung Kasselburg

Richtu Rockes Mirba

N

500 m

Buchenhof

Buchenlochhöhle

Papenkaule

Richtu Alter V

Gerolsteiner Dolomiten

Juddekirchhof

Münterley

B 4

B 410

Bf

Kyll

Gerolstein

Richtung Dietzenley

Anfahrt:

A 1, Abfahrt Blankenheim, über L 115/L 26 nach Hillesheim. In Hillesheim Richtung Daun. Vor Walsdorf rechts am Kreisel in Richtung Gerolstein. In Rockeskyll in Richtung Dreis. In Hohenfels rechts nach Berlingen. Parken auf dem Wanderparkplatz kurz vor dem Ortseingang. Von dort Abstecher zu verschiedenen Orten in der Umgebung.

Auskunft:

Informationen über die Sehenswürdigkeiten wie auch den „Vulkaneifel European Geopark" erhalten Sie bei der Tourist-Information Gerolsteiner Land, Brunnenstraße 10, 54568 Gerolstein, Tel. 06591/94 99 10, **www.gerolsteiner-land.de**
Von April bis Okt. bietet die Tourist-Information jeden Dienstag um 9.30 Uhr geführte Erlebniswanderungen an. Diese führen Sie zu den schönsten Plätzen des Gerolsteiner Landes. Außerdem finden mehrtägige Erlebnistouren zu bestimmten Themen statt.

Hinweise:

- Tipp: Für die Besichtigung des Buchenlochs sollte man eine Taschenlampe mitnehmen.
- Wolfsfütterung auf der Kasselburg im Sommer um 15.45 Uhr, im Winter am Wochenende um 15.00 Uhr, genauere Infos beim Adler- und Wolfspark Kasselburg, Tel. 06591/4213, **www.adler-wolfspark.de**
- Rockeskyller Brennerei, Dorfstr.43, 54570 Rockeskyll , Tel. 06591/4450, **www.eifel-hexe.de**. Führungen nur nach Anmeldung für Gruppen ab 10 Personen. Die Führung durch die historische Kornbrennanlage kostet 4,50 Euro, durch die Obstbrennanlage ab 6 Euro pro (Schnaps-)Nase (jeweils inkl. Trinkproben).
- Die „Erlöserkapelle" in Mirbach ist im Sommer bis 18 Uhr geöffnet, im Winter bis Einbruch der Dunkelheit. Buchung von Führungen unter Tel. 06593/8749 (Peter Heupts), Kosten: 15-20 Euro, Dauer: ca. 45 Min.
- Naturkundemuseum Gerolstein, Hauptstr. 72, 54568 Gerolstein, Tel. 06591/52 35, Öffnungszeiten: 1. April bis 31. Oktober, Mo-Fr 14-17 Uhr, Sa/So u. Feiertage 11-17 Uhr.

Einkehren:

Gasthaus „Berlinger Mühle", Mühlenstraße 20, 54570 Berlingen, Tel. 06591/951 30

Übernachten:

Beispielsweise in der „Berlinger Mühle" (s.o.). oder im Berlinger Ferienhaus „Eifeltraum" (Buchungen über Tel. 0221/57 06 80 15 oder via Internet unter **www.eifeltraum.de**). Weitere Adressen unter **www.berlingen.de**.

Karten:

- Wanderkarte 19 des Eifelvereins, „Vulkaneifel um Gerolstein", 1:25.000, **www.eifelverein.de**
- Karte zu den Georouten, erhältlich bei der Tourist-Information Gerolsteiner Land

4

Wie ein Bild von Caspar David Friedrich

Vom Ennert zum Stenzelberg

Die wildromantische Kulisse der „rheinischen Alpen" nimmt wohl jeden Besucher des Siebengebirges gefangen. Sie entstand vor 30 Millionen Jahren durch Vulkane – und bietet eine Vielzahl wunderbarer Aussichtspunkte. Lassen Sie sich zu stillgelegten Steinbrüchen entführen, die den Blick in die feurige Vergangenheit freigeben, und auf Gipfel, die ein berauschendes Panorama aufs Rheintal eröffnen. Und damit nicht genug: Diese Tour führt außerdem an einer Chorruine vorbei, in der man den Geist der Ewigkeit spüren kann.

Kurzwanderung Dornheckensee und Blauer See

Länge: knappe 2 km, Gehzeit: 1 Stunde,
Schwierigkeitsgrad: einfach

Tief im Stein
eingebettet:
stille Seen im
Siebengebirge

Beim Marsch über den Ennert, einen Buckel am Anfang
des Siebengebirges, folgen wir dem blauweißen Zeichen
des Rheinsteigs. Schon dieser Weg ist gespickt mit sagenhaften Aussichtspunkten. Nach einem halben Kilometer erreicht man den ersten. Er entstand, wie viele der
folgenden Ziele, durch einen Steinbruch, die das Gesicht
dieser Landschaft seit langer Zeit prägen. Bereits unter
den Römern wurde im Siebengebirge vulkanisches Gestein abgebaut. Erst im letzten Jahrhundert hat man diese
Arbeiten restlos eingestellt. Nun schlummert in der Tiefe
der grün schimmernde **Dornheckensee** – und zu unseren
Füßen laichen jetzt Amphibien wie die Erdkröte. Der di-
rekte Zugang zur Abbruchkante ist allerdings durch einen Zaun gesperrt. Dahinter verlaufen Trampelpfade, die
sowohl gefährlich als auch verboten sind.
300 Meter weiter trifft der Blick in der Tiefe auf das
nächste stille Gewässer: den **Blauen See**. Hier fällt die

Steilwand mindestens 30 bis 40 Meter ab. Wer die Augen geradeaus schweifen lässt, sieht Bonn mit Post-Tower, Langem Eugen, Venusberg und Bonner Münster. Kurze Zeit später hat man einen weiteren Aussichtspunkt erreicht, von dem aus man sogar den Drachenfels erspähen kann. Anschließend kehren wir zum Parkplatz zurück. Wer mag, lernt noch eine andere Seite des Ennert kennen – und marschiert zum Foveauxhäuschen.

Kurzwanderung zum Foveauxhäuschen

Länge: gut 2 km, Gehzeit: 1 Stunde
Schwierigkeitsgrad: einfach

Wir überqueren die Landstraße, folgen dem Schild in Richtung Ramersdorf und schlendern weiter auf dem Rheinsteig. An der nächsten Gabelung halten wir uns links. Nun kommen wir ganz nah an der Autobahn vorbei und schauen auf ein bizarres Gebäude: ein Schloss mit vielen kleinen Zinnen und Türmchen, das eingeschlossen zwischen den Autobahnschlaufen liegt. Es wirkt wie eine Attrappe aus Disneyland. Tatsächlich handelt es sich aber um ein echtes Schätzchen aus dem Mittelalter: die so genannte **Kommende Ramersdorf**. Graf Heinrich III. stiftete sie im 13. Jahrhundert dem Deutschen Ritterorden. Damals lebten in dem Gemäuer zwölf Ordensbrüder. Ihre Aufgabe war es, den Orden wirtschaftlich zu unterstützen. Außerdem machten sie junge Ritter fit für die Kreuzzüge. Aus dieser frühen Zeit stammen heute nur noch einige Teile des Mauerwerks und die Toranlage.
1804 wurde die Kommende Ramersdorf säkularisiert und verkauft. 80 Jahre später erwarb Baron Albert von Oppenheim das Anwesen. Der Kölner Bankier ließ unter

anderem die Fassade des Schlosses durch den Pariser Architekten Wilhelm Hoffmann umgestalten. Dabei wurden Elemente der Neugotik und der Neurenaissance verwendet. 1940 kaufte die Deutsche Reichsbahn den Ritterbau, der vom Krieg verschont wurde. Später richtete die Bundesbahn dort eine Schulungsstätte ein, die bis 1967 betrieben wurde. Danach stand das Schloss leer und verfiel. Um ein Haar wäre es sogar abgerissen worden. Man plante eine Autobahnstrecke, die quer über das Gelände verlaufen sollte. Eine Bürgerinitiative bewahrte das Schloss vor diesem Schicksal. Die Rettung kam 1978 in Gestalt der Familie Bartel. Sie ließ das Schloss drei Jahre lang renovieren und betreibt dort heute ein Hotel sowie ein Feinschmeckerrestaurant, das sich der klassischen französischen Küche verschrieben hat. Von der Terrasse eröffnet sich ein atemberaubender Ausblick auf Bonn und das Rheintal. Außerdem kann man durch die langen Korridore des Schlosses stromern und zwischen knarrenden Böden und dunkelbraunen Kassettendecken herumstöbern. Denn zum Schloss gehört auch ein Antiquitätengeschäft.

Wir wenden uns wieder dem Weg zu und nehmen beim gespalteten Baumstamm die Abzweigung nach rechts. Nach wenigen Metern erreichen wir das **Foveauxhäuschen**, das ein Kölner namens Heinrich-Josef Foveaux (1763–1844) um 1820 errichten ließ. Er besaß in Limperich den Mylendonker Hof. Früher soll man von hier aus einen fantastischen Blick aufs Siebengebirge gehabt haben. Doch nun sind die Bäume dafür zu groß geworden. Aber auf jeden Fall ist dies ein wunderbarer Rast-

Rastplatz im Sonnenschein: das Foveauxhäuschen

49

platz – vor allem, wenn die Sonne scheint und die Steinplatten erwärmt. Hinter dem Foveauxhäuschen gehen
wir weiter. In dem Waldstück rechter Hand befinden sich
ein paar Hügelgräber. Nach rund 200 Metern erreichen
wir eine Schutzhütte. Dort halten wir uns rechts und
kommen bald an einem Sportplatz vorbei. Von hier aus
führen mehrere Wege zum Parkplatz zurück. So kann
man den nächsten Abzweig rechter Hand nehmen, dann
den nächsten links. Am Lausbergweg gehen wir wieder
links und biegen schließlich rechts in den Ankerbach-
talweg ein, der uns zum Ausgangspunkt zurückführt.

Kloster Heisterbach und Stenzelberg

Bizarr: die
Chorruine von
Heisterbach

Im lauschigen Peterstal liegt das Kloster Heisterbach.
Der hl. Bernhard und der hl. Benedikt begrüßen den
Wanderer am barocken Tor. Wir schreiten hindurch und
gelangen zu einem alten Wallfahrtsort, der auch eine Pil-

gerstätte der Rheinromantik ist: der mächtigen **Chorruine Heisterbach**. Sie blieb übrig, als man die Kirche
im 19. Jahrhundert abriss. Die mündliche Überlieferung
sagt, dass die Zündung der Sprengladung versagte. Da
sich an der Ruine jedoch keine Sprenglöcher befinden,
ist eher anzunehmen, dass der Abbruch durch die Spren-
gung der Vierungssäulen und der übrigen Säulen der
Seitenschiffe erfolgte. Dabei stürzte das Kirchenschiff
ein, der Chor und das Westwerk aber blieben stehen.
Heute werden die Trümmer umrahmt von einer grünen
Buchenkulisse. Diese Baumart gab dem Ort übrigens
seinen Namen: Heister ist das alte Wort für Buche.

Gebaut wurde die Kirche vor 800 Jahren – von Zister-
ziensermönchen. 1189 zogen zwölf Mönche aus, um die
Abtei Heisterbach zu gründen. Sie kamen aus der Eifeler
Abtei Himmerod und sollten im Auftrag des Kölner Erz-
bischofs Philipp von Heinsberg am Fuße des Siebengebirges den benediktinischen Grundsatz „bete und arbeite"
verwirklichen. Die Brüder erreichten ihr Ziel am 22. März.
Anfangs ließen sie sich in einer verlassenen Eremiten-
klause auf dem Petersberg nieder. Drei Jahre später
gründeten sie das Kloster und siedelten nach und nach
ins Tal. Ab 1202 begann die große Arbeit. Über einen
Zeitraum von 35 Jahren errichteten die Baumeister eine
Kirche von 88 Meter Länge und 40 Meter Breite im
Querschiff. Ein monumentales Bauwerk, das größer war
als alle romanischen Kirchen Kölns. Die Steine dafür
kamen aus dem benachbarten Stenzelberg.

Die Säkularisation der geistlichen Stifte und Klöster im
Rheinland läutete das Ende des klösterlichen Lebens ein.
1809 wurde die Kirche gemeinsam mit dem Kloster an
einen Abbruchunternehmer verkauft und teilweise ge-
sprengt. Unter der französischen Besatzung verwendete
man viele der Quader zunächst für den Bau des Nord-

kanals zwischen Venlo und Neuss. In preußischer Zeit wurden Bauelemente aus Heisterbach bei der Errichtung der Festung Ehrenbreitstein bei Koblenz sowie beim Festungsbau in Jülich und Wesel eingesetzt. 1820 erwarb der Graf zur Lippe-Biesterfeld das Gelände. Er ließ das Westwerk abreißen und einen englischen Park rund um die Chorruine anlegen, der die romantische Wirkung der spektakulären Trümmer noch verstärkte. Es entstand ein Landschaftsgemälde, das unwillkürlich an die Werke Arnold Böcklins erinnert.

Im Schatten der Ruine befindet sich ein Gedenkstein, der dem Gelehrten Cäsarius von Heisterbach (1180–1240) gewidmet ist. Den Mediävisten gilt er als der berühmteste Mönch aus Heisterbach. Seinem „Dialogus miraculorum" (wundersame Geschichten zur Schulung der Novizen) verdankt die Nachwelt wichtige Informationen über das Leben im frühen Mittelalter.

Wir spazieren noch ein Stück weiter in den englischen Park hinein. Nach wenigen Schritten gelangen wir in ei-

Die Klosterkirche entstand in der Übergangszeit zwischen Romanik und Gotik

Eine alte Mauer, die viele Geschichten erzählen könnte ...

nen **Klostergarten** mit Teich, Nonnenfriedhof und kleinem Kapellchen. Dort befindet sich in einer unscheinbaren Holztür, die in die Klostermauer eingelassen ist, eine rätselhafte Inschrift: „Gott ist erhaben vor Ort und Zeit, ich weiß ihm ist ein Tag wie 1000 Jahr und 1000 Jahre sind ihm wie ein Tag". Sie geht zurück auf die rätselhafte Wandermär „Der Mönch von Heisterbach. Eine Legende über die Relativität von Raum und Zeit", die in Variationen in verschiedenen Stätten der Zisterzienser in Europa anzutreffen ist.

Die Geschichte erzählt von einem Ordensbruder, der einst in dem waldverlorenen Kloster lebte. Eines Tages las er in der Bibel, dass beim Herrn ein Tag wie tausend Jahre und tausend Jahre wie ein Tag sind. Darüber kam er ins Meditieren – über das Wesen der Zeit, des Raumes und wie sich das alles zu Gott verhält. Als die Sonne unterging, hört er einen Vogel jubilieren. Magisch angezogen, folgte er dem ungewöhnlichen Sänger, dessen Gefieder in allen Farben des Regenbogens leuchtete, in den verdämmernden Buchenwald, immer tiefer – und vergaß dabei sich selbst. Er lauschte nur noch dem Vogel, der alle Seligkeit dieser Welt auf ihn hernieder sang, und versank in der Meditation. Erst die Glocke der Klosterkirche erweckte ihn daraus und er eilte zum Gebet der Vesper. Doch beim Stundengebet wurde er von keinem

Wildromantische Felslandschaft: Steinbruch am Stenzelberg

der Mitbrüder erkannt. Als er seinen Namen und den seines Abtes nannte, erfuhr er, dass man ihn seit 300 Jahren vermisste. Danach konnte er in Frieden entschlafen. Denn er hatte Zeit und Raum überwunden. Er war in der unendlichen Liebe Gottes geborgen, auch wenn ihn seine eigene Geschichte längst überholt hatte.

Nach diesem beeindruckenden Spaziergang fahren wir noch wenige Serpentinen weiter auf der Landstraße den Berg hinauf, bis zu beiden Seiten Parkplätze auftauchen. Vom Parkplatz Weilberg (linker Hand) gelangt man nach einem halben Kilometer zum gleichnamigen Berg (240 Meter). Hier befindet sich der eindrucksvollste und am längsten genutzte **Steinbruch** des Siebengebirges. Bis zur Mitte des letzten Jahrhunderts hat man aus ihm sogar blauschwarzen Basalt gewonnen. Das verwitterungsbeständige Gestein diente unter anderem dem Bau von Straßen und Eisenbahnstrecken. Jetzt liegt auch dieser letzte Basaltbruch still. Zwei Terrassen bieten einen guten Ausblick auf die zerklüftete Steinlandschaft. Hier kann man ein

Der stillgelegte Basaltsteinbruch am Weilberg bietet einmalige Einblicke in die Erdgeschichte

Die Bonner Skyline – vom Gipfel des Stenzelbergs gesehen

wenig Siebengebirgsgeschichte studieren und Millionen Jahre zurückschauen.

Dann geht es zurück, auf die andere Seite der Landstraße. Wir passieren den Parkplatz „Im Mantel" und folgen dem Schild zum **Stenzelberg**. Schwindelfreie biegen beim Steinbruch rechts ab und erklimmen den Gipfel auf dem Trampelpfad, alle anderen laufen geradeaus weiter. Auf dem Plateau angelangt, wird man mit einem Ausblick à la Caspar David Friedrich belohnt: Uns zu Füßen liegen die zerklüfteten Felsen des Stenzelbergs, darüber schweift der Blick weit ins Rheintal und die Bonner Bucht. Bei schönem Wetter kann sich der geneigte Wan-

derer hier oben auf eine Bergnase setzen, die warme Erde unter sich spüren und die Weite des Himmels und der Landschaft genießen. Und wer sich ganz ruhig verhält, sieht mit etwas Glück sogar einen Feuersalamander über die Steine huschen.

Anschließend geht es auf derselben Route den Berg wieder herunter bis zum Hauptweg, dem man weiter in rechter Richtung folgt. Bei den Felsen biegen wir auf dem Pfad nach rechts in die bizarre Felslandschaft ein. Wer mag, kann

Den Frieden des Augenblicks genießen

von hier aus zum Einkehrhaus marschieren, wo den Wanderer eine zünftige Vesper erwartet. Freunde edler Tafelfreuden fahren zur Kommende Ramersdorf.

Anfahrt:

Zum Ennert: A 59, Kreuz Bonn-Ost, Ausfahrt Niederholtdorf, rechts Richtung Königswinter-Stieldorf. Nach wenigen Metern taucht auf der rechten Seite ein Wanderparkplatz auf.

Zum Stenzelberg: A 59 Richtung Königswinter. Abfahrt Niederdollendorf, links auf die L 268 in Richtung Heisterbacherrott, durch Oberdollendorf. Zwischenstopp beim **Kloster Heisterbach**.

Auskunft:

Tourismus Siebengebirge GmbH, Drachenfelsstraße 51, 53639 Königswinter, Tel. 02223/91 77 11, E-Mail: info@siebengebirge.com, **www.siebengebirge.com**

Hinweise:

• Kloster Heisterbach, Heisterbacher Straße, 53639 Königswinter, **www.abtei-heisterbach.de**. Die Chorruine ist frei zugänglich. Eine geführte Besichtigung der alten Kloster-Bereiche und Anlagen kann unter Tel. 02223/924 00 (oder per E-Mail: info@abtei-heisterbach.de) vereinbart werden. Neben der Chorruine sind vom alten Kloster nur noch die Zehnt-Scheune sowie Brau- und Backhaus übrig geblieben. Heute befindet sich auf dem ehemaligen Abteigelände ein Kloster und Altenheim der Cellitinnen. In der Scheune wurde ein Infozentrum der Stiftung Abtei Heisterbach untergebracht.

• Weitere Wanderstrecken im Siebengebirge unter **www.gehdochmal.de**

Einkehren:

• Einkehrhaus Waidmannsruh, Am Nonnenstromberg, Stenzelberg, 53639 Königswinter, Tel. 02223/245 20. Geöffnet: Mo, Mi, Do, Fr, Sa 10-18 Uhr, So ab 9 Uhr, Di Ruhetag, abends nach Vereinbarung

• Kommende Ramersdorf Schlosshotel, Oberkasseler Str. 10, 53227 Bonn-Ramersdorf, Tel. 0228/4407-36 (oder -34). Geöffnet: Mo, Mi, Do, Fr, So 12-14.30 Uhr und 18-22.30 Uhr, Sa 18-22.30 Uhr, **www.schlosshotel-kommende.de**

Karte:

Wanderkarte Nr. 22, NRW, „Bonn und das Siebengebirge mit Rheinsteig", 1:25.000

Orte
zum
Innehalten

Unter dem Blätterdach –
im Wald

Von Waldwundern, Waldmeister und Wipfel

Quer durch den Rheinbacher Stadtwald

Dieser grüne Waldspaziergang führt an alten Fischwei-
hern, wundersamen Plätzen und Raubritterburgen vorbei. Dabei geht es über Stock und Stein, Trampelpfade,
Stege und alte Pilgerpfade. Und wer danach noch Zeit
und Lust hat, macht anschließend einen Abstecher ins
mittelalterliche Rheinbach – und besichtigt den Hexenturm und eine Schokoladenmanufaktur.

Rundwanderung Rheinbacher Stadtwald und Tomburg

Länge: knapp 12 km, Gehzeit: 3,5 bis 4 Stunden,
Schwierigkeitsgrad: einfach

Wir steigen aus dem Auto aus, tauchen in den Wald ein und lauschen dem Blätter-rauschen. Es stammt vom herrlichen Rheinbacher Stadtwald, der zum Naturpark Kottenforst-Ville gehört. Und bald wird es auch noch murmeln und plätschern.

Vom Parkplatz Kurtenbusch aus folgen wir zunächst dem Wanderweg Nr. 1 (bzw. A 4). Nach 800 Metern überqueren wir eine Kreuzung mit Schutzhütte und sind nach kurzer Zeit bei den „Alten Weihern" angekommen. Wenige Meter später taucht

Lauschige Wege mit wenig Gegen-verkehr

eine Bank auf, hinter der eine groß gewachsene Buche wurzelt. Diese Baumart siedelt sich besonders gern an den Hängen der Eifel an und spielt auf dieser Wanderung eine große Rolle ... aber lassen Sie sich überraschen!

Der Weg macht nun eine Kehre. Unter dem Blätterdach von Buchen und nicht minder mächtigen Eichen und Kiefern spazieren wir zunächst entlang des Wasserlaufs, der aus den „Alten Weihern" kommt. Bald fällt der Blick auf weitere kleine Gewässer. Hinter diesen führt der Weg an einer Gabelung links in den Talgrund, wo wir auf den schwungvoll mäandrierenden **Eulenbach** stoßen. Wir folgen weiterhin dem Weg Nr. 1. Dieser ist zunächst ein breiter, befestigter Weg, verwandelt sich aber nach einer Weile in einen Trampelpfad, der rechts abbiegt und noch tiefer zum Bachgrund führt. Nun beginnt einer der schönsten Abschnitte. Bald knarren unter den Füßen Holzbohlen und Stege, die die Schuhe vor dem teilweise recht feuchten Gelände schützen. Der Bachlauf bleibt

ein treuer Begleiter. Er schlängelt sich zwischen schlanken, hohen Buchen hindurch, und in seinem kristallklaren Wasser kann man allerhand entdecken, wie etwa putzmuntere Frösche oder blinkende Steine. Am Ufer haben Sumpfpflanzen ihre Heimat. Nach einer Weile überqueren wir den „Brotpfad", der seinen Namen nicht ohne Grund trägt: Auf ihm wanderten früher die armen Leute am vierten Fastensonntag zur Ipplendorfer Pfarrkirche. Denn dort wurde nach der Messe Brot verteilt, das wohltätige Menschen gestiftet hatten.

Nachdem wir nun rund eine Stunde Fußmarsch hinter uns haben, taucht ein wundersamer Ort auf, der schon beim Anblick mystisch wirkt: die **Waldkapelle**. Ein kleines Kirchlein inmitten eines Kreuzwegs. Es empfängt uns mit einem goldenen Strahlenkranz auf dem Türmchen, der die Buchstaben JHS enthält. Und da sind wir auch schon bei der erstaunlichen Geschichte angelangt, die sich um dieses Fleckchen rankt. Hier fand das so genannte Rheinbacher Wunder statt, wie die Begebenheit im Volksmund genannt wird: Am 20. Januar 1681 entdeckten Waldarbeiter beim Spalten eines Buchenstammes die Buchstaben JHS. Das ist die Abkürzung für die griechische Christusbezeichnung Jesous Hyios Soter. Sie bedeutet übersetzt: Jesus, Sohn Gottes, Retter. Der findige Holzfäller soll das Holzscheit einige Zeit lang über sein Ehebett gehängt haben. Daraufhin wurde seine Frau, die seit Jahren schwer krank war, wieder gesund.

Schon zwei Jahre nach der Entdeckung errichtete man am Fundort die Waldkapelle. Kurze Zeit darauf erbauten die Franziskaner dort zusätzlich ein kleines Kloster. Später bezogen die Serviten die Anlage – ein Orden, der 1233 in Florenz von sieben Kaufleuten gegründet worden war und sich bald darauf auch in Deutschland ausbreitete. Die Mönche errichteten eine weitere Kirche, die 1745 in Anwesenheit des Kurfürsten Clemens August eingeweiht wurde. Ein Wallfahrtsort entstand, der viele Pilger anzog. Die Gemeinschaft, die sich „Diener Mariens" nennt, verehrte damals wie heute die Gottesmutter, und sie kamen, um ihre Bitten der geschnitzten „Mater Dolorosa" vorzutragen. Die Reliquie selbst war

Über der Waldkapelle erstrahlt das legendäre Christusmonogramm

aber erst einmal auf Reisen: zunächst bei den Jesuiten in Köln, dann in der Jesuitenkirche in Bonn. Erst 100 Jahre nach ihrem Fund kehrte das in Silber gefasste Buchenscheit in die Waldkapelle zurück. Von der Französischen Revolution blieb jedoch auch dieser Andachtsort nicht verschont. Sie versuchte, getreu dem Geist der Zeit, die Religion abzuschaffen. In Frankreich selbst vertrieb man Mönche und Nonnen, strich christliche Feiertage aus dem Kalender und führte auch einige ungewöhnliche Rituale durch. Einiges davon schwappte während der Besatzungszeit auch nach Deutschland über.

So wurde an dieser Stelle im Wald ein schönes Mädchen als „Göttin der Vernunft" inthronisiert. Auch ging es in der Klosteranlage zeitweise sehr weltlich zu, denn das Gemäuer diente auch mal als Gaststätte und es wurde kräftig getrunken und gefeiert. 1804 versilberte die französische Verwaltung die Anlage, und sie verfiel bald darauf. Heute stehen vom Kloster nur noch die Grundmauern, die zum Teil restauriert wurden. Nur die Waldkapelle blieb fast vollständig erhalten.

Leider befinden sich die wundersamen Zeichen inzwischen wieder auf Reisen: Das heilige Holz wurde 1984 gestohlen, so dass nur eine Replik zu sehen ist. Doch auch wenn die Kapelle kein Wallfahrtsziel mehr ist, stellt sie immer noch einen besinnlichen Ort der Stille und der inneren Einkehr dar. Viele Menschen kommen nach wie vor hierher, um kurze Gebete zu sprechen und um Beistand zu bitten. Davon zeugen zahllose flackernde Opferlichter vor der Schmerzensmutter – eine Kopie der ursprünglichen Pietà. Der von Platanen umsäumte Passionsweg, der die Kapelle umgibt, stammt aus den Anfangsjahren des letzten Jahrhunderts und ist ebenfalls sehenswert.

Im Jahr 1909 entstand am Ort des „Wunders im Wald" ein Kreuzweg

Wir verlassen den Ort des Waldwunders, überqueren die Landstraße und marschieren zum gegenüberliegenden Parkplatz. Hier folgen wir dem „Rundweg Pilgerpfad/ Rheinbach Kirche, 3 km", der im weiteren Verlauf auch als Nr. 2 und N bezeichnet wird. Es beginnt ein Waldlehrpfad und bald treffen wir einen alten Bekannten wieder: den Eulenbach. Kurz darauf wird es wieder so richtig lauschig. Denn nun kommen wir an den **Sieben Weihern** vorbei, den ehemaligen Fischteichen der Rheinbacher. Kleine grüne Landzungen, jede Menge Moos und idyllische Ufer säumen nun den Weg. Auch der Waldmeister wohnt hier direkt am Wegesrand. Diese wirklich hübsche Strecke ist übrigens Teil des Jakobspilgerweges nach Santiago de Compostela. Auf ihm wanderten die Pilger früher in ihrer typischen Kluft: mit breitkrempigem Hut, Wanderstab, Kallebasse, eingehüllt in einen Umhang. Viele von ihnen haben sich als Stärkung für ihre lange Wallfahrt wohl auch an den Pflanzen bedient, die hier wachsen.

Rund eine halbe Stunde nach der Waldkapelle erreichen wir den Waldrand. In der Ferne sieht man einen alten Wasserturm. An dieser Stelle kommen viele Wege zusammen; wir biegen scharf links ab und folgen der Mar-

Beschauliche Teiche, Tümpel und Weiher am Wegesrand

Die Natur ist doch der größte Künstler: urige Baumformen am Schwanenweiher

kierung schwarzer Winkelschenkel auf weißem Grund. Dieser Weg ist ein paar Meter weiter ausgeschildert als Nr. 3. Er wird von eindrucksvollen Eichen gesäumt und führt zum Forsthaus Rheinbach. Vor dem Forsthaus überqueren wir die Landstraße und gehen dann zehn Meter nach links versetzt auf dem „Paul-Möhrer-Weg" weiter, einem Fernwanderweg, der nach einem verdienten Vorsitzenden des Eifelvereins benannt wurde. Wir kommen an einer seltenen Traubeneiche vorbei und erreichen den „Forstweiher". Müßiggänger verweilen ein wenig und füttern die Enten …

Hinter dem Weiher überqueren wir eine kleine Brücke, halten uns an der Kreuzung links und bewegen uns kurze Zeit fast parallel zur Landstraße, bis wir auf eine T-Kreuzung stoßen. Hier biegen wir rechts ab. Kurz darauf, hinter einer Brücke, taucht dann ein Hinweisschild auf, dem wir folgen: Jetzt geht es zum **Frischen Brünnchen**. Nach 600 Metern ist die Quelle erreicht, die 1893 vom Rheinbacher Verschönerungsverein mit Natursteinen als Grotte gefasst wurde. Es gibt Bänke und zwei Mühlsteine sind als Tische hergerichtet – ein idealer Rastplatz.

Nach einer Stärkung geht es ein paar Meter oberhalb des Brünnchens weiter auf einem Querweg, dem A8, und zwar nach links. Nach ein paar hundert Metern überqueren wir wieder die Landstraße und erreichen – 50 Meter nach links versetzt – einen Parkplatz. Hier wählen wir den nicht zu übersehenden Teerweg am Rande des Waldes, der zugleich Teil des Fahrradweges „Wasserburgenroute" ist. Nach etwa einem Kilometer gelangen wir erneut an eine kleine Kreuzung. Der Teerbelag ist nun zu Ende. Wir gehen weiter geradeaus, jetzt auf dem Weg A7. Nach einem weiteren knappen Kilometer haben wir wieder die Waldkapelle erreicht.

Nun geht's auf zur „**Tomburg** 2 km". Vom Parkplatz, der auf der anderen Seite der Landstraße, genau gegenüber der Kapelle liegt, weist ein Schild den Weg durch den Hochwald. Die Burgruine ragt wie ein steinerner Zeigefinger über den Wipfeln des Wormersdorfer Waldes empor. Wenn man ein Naturschutzschild sieht, ist man schon am Fuße der Tomburg, quasi auf der Rückseite,

Steinerner Zeuge vergangenen Raubrittertums: die Tomburg

Bei klarer Sicht kann man von der Tomburg bis nach Köln und aufs Siebengebirge sehen

angelangt. Zwar kann man sie hier vor lauter Bäumen noch nicht sehen. Doch nach einem kurzen Schwenk zur Vorderseite der Burg findet man den Einstieg zu den steil bergauf führenden Serpentinen. Die Ruine der ehemals so stolzen Feste steht auf dem 316 Meter hohen Basaltschlot eines lange erloschenen Vulkans. Die Bergkuppe war vermutlich schon von den Kelten besiedelt. Und die Spuren römischer Mauern und gefundener Münzen deuten darauf hin, dass sie im 4. Jahrhundert den Römern als Militär- und Aussichtsposten diente. Schautafeln informieren über die Geschichte der Tomburg, die vor allem im Mittelalter sehr bewegt war. Damals residierte hier der Pfalzgraf Ezzo, der mit einer Tochter von Kaiser Otto II. verheiratet war. Gegen Ende des Mittelalters jedoch wurden aus den Burgherren skrupellose Raubritter. Zugute kam ihnen die großartige Fernsicht übers Rheintal bis zum Siebengebirge, so dass sie Kaufmannszüge mit Waren und Reichtümern in der weiten Ebene leicht erspähen konnten. Das Ende dieser Tunichtgute kam 1473, in Gestalt des Herzogs von Jülich. Mit Kanonenkugeln und Schwarzpulver ließ er die Burg zerstören. Die klaffenden Trümmer der Mauerbrocken zu Füßen der Ruine geben Zeugnis von der Strafaktion.

Heute ist von dem ehemals sehr weitläufigen Burgge-
bäude nur noch die Ruine des aus dem 13. oder 14. Jahrhundert stammenden Bergfrieds erhalten. Und der große
Brunnen, der sehr tief in die Erde hinunterführt – eine
Meisterleistung mittelalterlicher Bautechnik. Der Legende nach befindet sich dort unten eine goldene Wiege.
Doch wie es in den alten Geschichten so ist: Geschenkt
wird einem nichts. Wer den Schatz heben will, dem darf
kein Wort über die Lippen kommen, bis er das gute Stück
über den Brunnenrand gehievt hat. Und das ist bis heute
noch keinem der Schatzgräber gelungen. Geblieben sind
die herrliche Aussicht und das Gefühl der Ruhe, wenn
man von der Tomburg über die Wipfel der Wälder schaut.
Hier hätte Goethe sein Gedicht verfassen können: *Über
allen Gipfeln ist Ruh', / In allen Wipfeln spürest du /
Kaum einen Hauch.*
Nun braucht man nur noch zehn Minuten zurück bis zum
Auto. Zunächst geht es auf dem gleichen Weg hinab. Schon
nach rund 100 Metern trifft man auf das Sträßchen von
Wormersdorf. Dieses schlagen wir nach rechts ein und
stapfen noch 600 Meter auf dem Weg Nr. 1 bis zum Parkplatz Kurtenbusch, wo unsere Wanderung begonnen hat.

Herbst-
stimmung im
Rheinbacher
Stadtwald

Spaziergang durch Rheinbach

Auch Rheinbach selbst wollen wir nicht übersehen. Denn das Städtchen, das 762 n. Chr. durch König Pippin zum ersten Mal erwähnt wurde, hat einiges zu bieten. Und so kann man im Anschluss an die Wanderung noch einen kleinen Spaziergang vorbei an den schönsten Sehenswürdigkeiten des Ortes unternehmen.

Ausgangspunkt ist der zentrale Parkplatz der Stadt, der **Himmeroder Wall**. Mit viel Phantasie hat die Stadt hier etwas von den mittelalterlichen Stadtmauern und Türmen rekonstruiert. An dem einen Ende des Platzes, auch Kirmesplatz genannt, steht der originale „Wasemer Turm". Unweit davon befindet sich ein Stück der 90 Kilometer langen Wasserleitung, welche die Römer von der Eifel an Rheinbach entlang bis nach Köln bauten.

Am gegenüberliegenden Ende des Himmeroder Walls stehen die restaurierten Reste der **Rheinbacher Burg**, die wohl Mitte des 12. Jahrhunderts errichtet wurde: Brücke, Graben, Mauer, Vorburg und Torbogen. Auch der trutzige „Hexenturm" gehört dazu. Der 34,5 Meter hohe Bergfried erinnert an ein trauriges Kapitel der Stadtgeschichte: In seinem Verlies warteten zwischen 1631 und 1636

Die sorgfältig restaurierte Burganlage von Rheinbach

Pittoresk und
doch nicht
überlaufen:
die Polliggasse

die vermeintlichen Hexen auf ihre Verbrennung. Rund
130 Gefangene, unter ihnen viele hochrangige Bürge-
rinnen, fielen damals dem Wahn zum Opfer. Wer das Gemäuer besichtigt, kann fast spüren, wie die Geschichte
aus den alten romanischen Steinquadern aufsteigt.

Der Himmeroder Wall hat aber auch freundlichere Seiten. So befindet sich hier ein ganz besonderes Juwel: das
Glasmuseum. Die berühmte böhmische Glasindustrie
erhielt nach der Vertreibung der Sudetendeutschen eine
neue Heimat in Rheinbach. Es entstanden Glasfabriken,
-geschäfte und eine Fachschule. Die Ausstellung im Museum umfasst erlesene Exponate vom Barock über Bie-
dermeier und Jugendstil bis zu Art Déco und Moderne.
Vom Himmeroder Wall bietet sich ein Bummel an durch
Weiherstraße und Polligstraße zur Hauptstraße. Hier erwartet uns die attraktive Altstadt mit engen Gassen und
liebevoll restaurierten Fachwerkhäusern, die besonders
hübsch zur Weihnachtszeit ist.

Als krönender Abschluss der Tour sei noch ein besonderes Schmankerl erwähnt: Für Freunde ausgefallener, qua-
litätsvoller Schokolade ist die Schokoladenmanufaktur
oder Confiserie „Café Löhrer" ein Muss. Sie bietet aus-
gewähltes Naschwerk aus eigener Herstellung an, von
Schokolade über Pralinen bis hin zu anderen Köstlich-
keiten. Das Café wurde seinerzeit von Dietrich Genscher
für die Bonner Politprominenz sozusagen entdeckt, die

Gästeliste der ehemaligen Minister ist lang. Der Chef bedient nicht selten persönlich und spricht gern über seine Passion. Eine Schoko-„Muße" für die Zunge!

Anfahrt:

Über die A 61 nach Rheinbach. Anschließend nach Wormersdorf (2 km). In Wormersdorf Ortsmitte rechts, Straße zur Tomburg. Etwa 2 km geradeaus, an der rechts liegenden Tomburg vorbeifahren. Bis zum Ende der erlaubten Fahrstraße, dann auf den Parkplatz Kurtenbusch im Wald.

Auskunft:

Stadtverwaltung Rheinbach, Abteilung Fremdenverkehr,
Schweigelstr. 23, 53359 Rheinbach, Tel.: 02226/91 72 31,
E-Mail: infothek@stadt-rheinbach.de, **www.rheinbach.de**

Hinweise:

- Tipp: Da es im Rheinbacher Stadtwald zu manchen Jahreszeiten recht nass sein kann, empfiehlt sich solides Schuhwerk.
- Führungen durch Burg Rheinbach bietet der Eifel- und Heimatverein Rheinbach an (nicht im Winter), Ansprechpartner: Willi Pfeifer, Tel. (privat) 02226/4948
- Glasmuseum Rheinbach, Himmeroder Wall 6, 53359 Rheinbach, Tel. 02226/91 75 00, Di-Fr 10-12 Uhr und 14-17 Uhr, Sa./So. 11-17 Uhr

Einkehren:

Cafe Löhrer, Uhlandweg 2-4, 53359 Rheinbach, Tel. 02226/925 50,
Mo-Fr 10-18 Uhr, Sa/So 13-18 Uhr

Karten:

Wanderkarte Nr. 6 des Eifelvereins, „Rheinbach Alfter", 1:25.000,
www.eifelverein.de

6

Jesus, Hölderlin und die Ahr

Einmal durchs Vischeltal

Spazieren Sie einmal durch die alte „Herrlichkeit Vischel"!
Es erwartet Sie ein Dichtergrab, ein murmelnder Bach,
ein paradiesisches Wiesental und ein Jesus für Schwindelfreie. Diese und noch mehr „Schmankerln" befinden
sich am Wegesrand der folgenden Rundwanderstrecke,
die bei einem abgelegenen Wasserschloss beginnt ...

In dem kleinen Dörfchen Berg beginnt die Ahreifel. Und hat man den Ort in Richtung Vischel erst einmal hinter sich gelassen, wird es richtig einsam und wildromantisch. Ein schmales Sträßchen führt an Kuhwiesen und waldigen Höhen vorbei über die Hügel bis nach Vischel – und endet auch dort. Die winzige Ortschaft besteht aus einem Wasserschlösschen mit Wassergraben, einem alten Pfarrhaus, einer Kirche und einem Friedhof. Ein wahrhaft verschwiegenes Plätzchen, das auf eine lange Geschichte zurückblickt.

Die Burg wurde schon anno 893 urkundlich erwähnt. Leider ist die Pforte verschlossen, denn das Anwesen befindet sich in Privatbesitz. Hinter dem Gemäuer steht eine Kirche, die über 800 Jahre alt ist. Bis in die dreißiger Jahre des letzten Jahrhunderts herrschte hier sonntags noch Hochbetrieb. Denn damals war die traute, alte Pfarrkirche für die umliegenden Dörfer die einzige weit und breit. Einige ältere Einheimische erinnern sich noch an den Fußweg, der besonders bei Eis und Schnee sehr lang werden konnte ...

Auf dem Weg zur Burg Vischel

Eingang zur Begräbnisstätte der Grafen von Wolf-Metternich

Nun ist das Gebäude schon seit langer Zeit verwaist – und verströmt in seiner Abgeschiedenheit den Zauber vergangener Tage. Ein Eindruck, der durch die angebaute Gruft noch verstärkt wird.

Hierbei handelt es sich um die Begräbniskapelle der Grafen von Wolf-Metternich – ein kleines Mausoleum mit klassizistischen Säulen und schmiedeeisernen Gittern, das 1905 errichtet wurde. Heute bedecken grüne Flechten die Treppe. Und dieses Fleckchen Erde hat noch mehr Verwunderliches zu bieten. Direkt am Eingang des Friedhofs liegt ein Dichter begraben. Seine Ruhestätte schmückt ein Zitat von Friedrich Hölderlin aus dem Gedicht „Lebenslauf".

Ruhestätte eines vergessenen Poeten

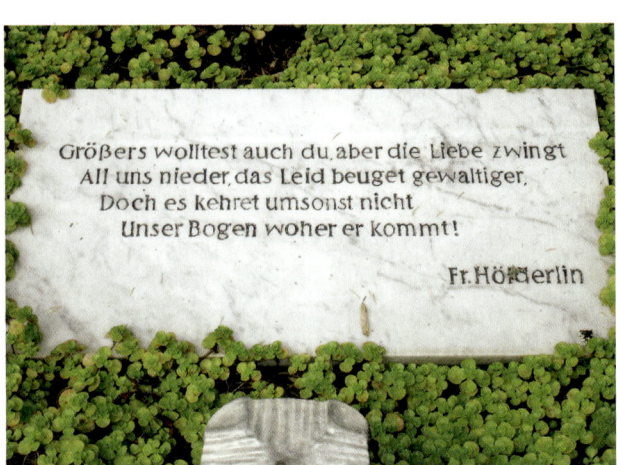

Größers wolltest auch du, aber die Liebe zwingt
All uns nieder, das Leid beuget gewaltiger,
Doch es kehret umsonst nicht
Unser Bogen woher er kommt!

Fr. Hölderlin

Rundwanderung durchs Vischeltal

Länge: knapp 12 km, Gehzeit: 3 Stunden,
Schwierigkeitsgrad: mit Abstecher zum Barmherzigen
Jesus schwierig, ohne Abstecher einfach

Nach dieser atmosphärischen Einstimmung verlassen wir
den Platz und begeben uns auf den Wanderweg A4, in
den die Asphaltstraße am Ende der Ortschaft mündet.
Zunächst spaziert man durch eine Lindenallee. Solche
„grünen Kathedralen" waren bei den Landschaftsarchi-
tekten vergangener Jahrhunderte sehr in Mode. Man findet sie bei vielen Schlössern. Die „Vischeler Allee" hat
jedoch ihren ganz eigenen Charme. Denn ihre Bäume sind
verwuchert, verwachsen und sehen so gar nicht mehr
herrschaftlich aus. Die Natur hat sich diesen Platz eben
wieder zurückerobert. Überhaupt wirkt der ganze Landstrich sehr ursprünglich. Das gilt auch für das **Vischeltal**,
in das der Weg nun hinabführt.

Im Schatten
alter Linden
hinab ins
Vischeltal

Im Talgrund angekommen, sprudelt und murmelt es. Grün, wohin das Auge schaut. Ob die alten Kelten in diesem Tal wohl eine Quellgöttin verehrt haben? Immerhin: Der alte Name von Vischel lautet Wizsselle und könnte keltischen Ursprungs sein. Für die Kelten walteten überall in der Natur übernatürliche Kräfte und Wesen. Auch Flüsse und Bäche waren von Göttern beseelt. So ganz unähnlich hat sich die katholische Kirche später auch nicht verhalten: Sie stellte Vischel unter den Schutz des heiligen Nikolaus, des Schutzpatrons der Schiffer und Fischer.

Und eine feuchte Angelegenheit ist das Vischeltal eigentlich immer. Das hat einer Wallfahrt, die seit dem 17. Jahrhundert das stille Tal durchschreitet, den Namen „Springprozession" eingebracht. Denn die Pilger, die den Matthias-Bruderschaften angehören, müssen meist über zahlreiche Pfützen hüpfen. Tatsächlich wandelt der Wanderer hier auf einer uralten, historischen Pilgerstrecke. Sie führt zum einzigen Apostelgrab nördlich der Alpen:

nach Trier, wo die Gebeine des hl. Matthias liegen sollen. Auch heute noch finden die Fußwallfahrten jährlich statt. Die meisten Bruderschaften wandern im Mai los, in den 14 Tagen vor Pfingsten, manche auch in den Herbstferien.

Wir folgen weiter dem Lauf des mäandernden Bachs, an Auenlandschaften, Mischwald und Tannen vorbei. Irgendwo in der Nähe liegen die beiden untergegangenen Rittersitze Tungenburg und Eitgenbach, die ebenfalls zur Herrschaft Vischel gehörten. Der Weg führt mal links, mal rechts am Wasserlauf entlang – öfters muss eine Brücke überquert werden. Tatsächlich wird das Vischeltal das „Tal der 1 000 Brücken" genannt. Es sind zwar nur fünf, aber man hat schon den Eindruck, als ob der Bach (und der Wanderer mit ihm) hin- und herspringen würde.

Auenlandschaft und dicht belaubter Wald rechts und links des Vischelbachs

Uralte Pilgerpfade: ein Kreuz der Matthias-Bruderschaft

Dann weitet sich das Tal und man kommt am Wegekreuz einer Matthias-Bruderschaft vorbei. Weiter führt der Weg in Richtung Kreuzberg an der Ahr. Bald tauchen die ersten Häuser auf. Nach wenigen Metern fällt der Blick auf die **Kreuzberger Burg**, die sich majestätisch auf einem Felskegel erhebt. Hier mündet die Vischel in die Ahr, und genau an diesem Platz laden ein paar Bänke zum Verweilen ein.

Anschließend schlagen wir die Strecke nach Altenahr ein – und wandeln an der sprudelnden Ahr entlang. Gleich nachdem wir die steil aufragende Brücke der Umgehungsstraße hinter uns gelassen haben, taucht linker Hand ein Felsblock auf. Darauf ist ein Bild des „Barmherzigen Jesus" zu sehen. Diesen Weg nehmen wir jedoch nicht, denn das ist an dieser Stelle verboten. Einige Meter weiter steht ein zweiter Felsblock, und nun können wir dem Zeichen „B.J." folgen – vorausgesetzt, man hat keine Höhenangst, ist trittfest und ein geübter Wanderer. Wem der Aufstieg zu anstrengend erscheint, der spaziert weiter am Ufer der Ahr entlang bis Altenahr. Von hier aus gelangt man dann ganz bequem mit der Seilbahn (am Ende der Seilbahnstraße) zur Ausflugsgaststätte Bellevue.

Oder man geht eben zu Fuß: Der anfänglich noch bequeme Pfad verjüngt sich schnell und windet sich nach kurzer Zeit schon steil bergauf. Auf einem Absatz angelangt, empfängt uns eine hohe **Jesusfigur** aus Sandstein. Sie schaut weit ins Land. Die Statue geht auf eine Vision der heiligen Maria Faustyna aus dem Jahr 1931 zurück. Damals erschien Jesus der jungen polnischen Nonne und bat sie, ein Bild von ihm zu malen mit der Unterschrift: „Jesus, ich vertraue auf Dich." Seitdem geht dieses Motiv um die Welt. Die Figur, die wir hier sehen, wurde im Jahr 2000 von privater Seite aufgestellt – als Dank dafür, dass beim Bau der Umgehungsstraße niemand zu Schaden gekommen war.

Wer noch kann, folgt nun dem schmalen Weg weiter. Dieser ist im weiteren Verlauf zwar nicht mehr ganz so schwindelerregend, aber kaum weniger anstrengend als ein alpiner Steig. In engen Haarnadelkurven geht es steil bergauf. Als Lohn gelangt man durch den Wald direkt zur Gaststätte Bellevue. Von der Panoramaterrasse aus genießt man einen herrlichen Blick auf die Ahrhöhen

Der „Barm-herzige Jesus" wacht über das Ahrtal

und das Ahrtal. Ganz in der Ferne lässt sich außerdem die Hohe Acht erspähen. In der Nähe sieht man den ehemaligen Sitz der Grafen von Are, die Burgruine Are, das Schwarze Kreuz und das **Teufelsloch**, um dessen Entstehung sich viele Legenden ranken. Die bekannteste geht folgendermaßen:

Als der Teufel einst in Altenahr weilte, verguckte er sich in eine schöne Maid, die auf den Zinnen der Burg Are wandelte. Seine Liebe war so groß, dass er seinem sündigen Leben

Sommer-
pracht im
Vischeltal

entsagen wollte. Flugs baute er sich gegenüber der Burg eine Klause, wo er als reumütiger Einsiedler fortan sein Dasein fristete. Plötzlich stand die holde Maid vor seiner Tür. Sie hatte sich im Gewirr der Felsen verirrt. Schnell war es mit der sittlichen Gesinnung des Teufels vorbei. Er küsste die Schöne. Doch wie groß war sein Entsetzen, als er sah, dass er seine Großmutter im Arm hielt. Sie hatte erkannt, dass die Liebe dem Teufel den Kopf verdrehte und wollte ihn mit dieser List ein für allemal davon bekehren. Wütend warf er das alte Weib durch den Felsen. Zurück blieb das Teufelsloch.

Allerdings handelt es sich bei der bizarren Felsformation, die man sieht, nicht um das Original. Denn das ist in den dreißiger Jahren des vergangenen Jahrhunderts einem Erdbeben zum Opfer gefallen. Doch die Altenahrer wollten sich nicht so einfach ihrer Sehenswürdigkeit berauben lassen und sprengten kurzerhand ein neues Teufelsloch!

Der Rückweg beginnt hinter der Gaststätte rechts. Wir folgen zunächst dem Schild Richtung Altenahr, an der

nächsten Gabelung dann dem Wegweiser Richtung Ka-
lenborn. Der gemütliche Marsch führt nun durch den
Vischeler Wald. Nach einiger Zeit taucht ein Gatter auf,
das den Weg versperrt, sich jedoch öffnen lässt. Jetzt
wandern wir mitten durch ein Wildgehege, das zum Pri-
vatwald von Gut Vischel gehört. Nach kurzer Wegstre-
cke kommen wir am Weißerather Forsthaus vorbei. Tatsächlich zeigen bald frische Fährten am Wegrand, dass
man sich nicht allein im Revier befindet. Hier wimmelt
es von Wildschweinen. Wer sich leise verhält, hat beste
Chancen, ein paar Exemplare zu entdecken. Natürlich

Lauschige Lichtungen säumen den Rückweg

sollte man auch ein wenig Abstand halten. Bald weist ein Schild dann nach links – und es geht zurück ins Vischeltal und zum Ausgangspunkt der Wanderung.

Anfahrt:

A 61, Abfahrt Rheinbach, auf der Landstraße über Todenfeld und Berg nach Vischel.

Auskunft:

Ahr Rhein Eifel Tourismus & Service GmbH, Klosterstraße 3-5, 53507 Marienthal, Tel. 02641/9773-0, E-Mail: info@wohlsein365.de, **www.wohlsein365.de**

Hinweise:

• Tipp: Für diese Tour braucht man wasserfestes, stabiles Schuhwerk, vor allem wenn es in den Wochen zuvor geregnet hat. Im Sommer ist zudem Mückenschutz notwendig. Denn dann schwirrt und brummt es im Vischeltal.

• Ende September findet das Winzerfest in Dernau statt, im Dezember der Lucia-Weihnachtsmarkt in Rech an der Ahr.

Einkehren:

Gaststätte Bellevue, Bellevue 1, 53505 Altenahr, Tel. 02643/8381.
Die Öffnungszeiten richten sich nach dem täglichen Betriebsschluss der Seilbahn, in der Regel im Frühjahr 10-17 Uhr, im Sommer 10-18 Uhr (Mi Ruhetag, jedoch in den NRW-Sommerferien täglich geöffnet), ab 31. Oktober bis zum Start der Seilbahn geschlossen.

Karte:

Wanderkarte Nr. 9 des Eifelvereins, „Das Ahrtal", 1:25.000, **www.eifelverein.de**

7

Eine kleine Eifel-Zeitreise

Bassenheim und die südliche Voreifel

Möchten Sie durch die älteste Baumallee Deutschlands schlendern? Den Hexenberg erklimmen und am sagenhaften „Eifel-Stonehenge" vorbeistreifen? Dann sollten Sie das geschichtsträchtige Örtchen Bassenheim kennen lernen. Wo zu finden? Im toten Winkel zwischen den Autobahnen 48 und 61. Und wer mag, schaut anschließend noch bei den Schauplätzen der Genoveva-Legende vorbei.

Rundwanderung Bassenheim/Goloring

Länge: 10 km, Gehzeit: 3,5 bis 4 Stunden,
Schwierigkeitsgrad: einfach

Tor zu einer
anderen Welt:
die Baumallee

Für Besucher, die durch Bassenheim schlendern, be-
wahrheitet sich schon nach wenigen Schritten eine alte
Volksweisheit: In Dörfern, die nicht viel mehr als 3000
Seelen beherbergen, werden Fremde noch gegrüßt! Doch
bald ist man wieder allein. Gleich hinter dem Ortsausgang raschelt das Laub unter den Füßen und der Wanderer marschiert durch einen hohen Wald. Nach wenigen
Metern tauchen unversehens hohe Rundbögen auf. Sie
gehören zu einer Eisenbahnbrücke, die anno 1902 errichtet wurde. Ein eindrucksvolles Zeugnis aus der guten alten Zeit der Schienenrösser. In Kürze werden wir aber vor
einer noch viel älteren Sehenswürdigkeit stehen. Denn
der Pfad führt schnurstracks zu einem fast 350 Jahre alten Naturdenkmal: der **Baumallee**.
Hier reihen sich auf einer Länge von mehr als einem Kilometer 106 Baumriesen aneinander, die allesamt 1662 gepflanzt wurden. Wie viele Stürme mögen sie überstan-
den haben? Wie vielen dürren Sommern und klirrend
kalten Wintern getrotzt? Auf jeden Fall merkt man ihnen

die zahlreichen Jahre an, die sie auf dem Buckel haben. Denn im Lauf der Jahrhunderte sind sie höchst eigenwillig gewachsen: Manche breiten ihre Arme weit verzweigt in den Himmel aus, als wollten sie nach den Wolken greifen. Andere streben kerzengerade in die Höhe. Einige haben ganz verdrehte, krumme Äste. Ein Exemplar sieht aus, als sei es vom Blitz getroffen worden – und wirkt wie im Schrecken erstarrt. Und ein anderer Baumsonderling ist innen so hohl, dass man in ihm stehen kann, und trotzdem treibt er noch grüne Blätter.

Die Veteranen der Baumallee sind lebendige Naturdenkmäler

46 Rotbuchen, 37 Stileichen, 6 Rosskastanien, eine Sommerlinde und 16 Winterlinden gehören insgesamt zu diesen Veteranen. Der heute so urwüchsige Pfad wurde als Weg zur Marienkapelle angelegt, die hoch auf dem **Karmelenberg** thront. Am Ende der Baumallee beginnt denn auch ein Kreuzweg. Sieben Stationen aus verwittertem Tuffstein begleiten den Spaziergänger hinauf. Oben angekommen wird der Blick zunächst von einem beeindruckenden Basalthochkreuz aus dem Jahr 1773 gefangen genommen. Gleich dahinter ragt das Barockkirchlein empor.

Die Kapelle wurde von Johann Lothar Walbott aus Bassenheim errichtet, als Dank dafür, dass sein fünftes Kind gesund geboren wurde. Alle vier Kinder zuvor waren gestorben. Während der fünften Schwangerschaft aber erhielt die Gräfin Anna Magdalene Besuch von ihrer Erzieherin, der Äbtissin eines Klosters. Diese schenkte ihr eine wundertätige Marienstatue, vor der die Gräfin betete –

und Tochter Maria Anthonet kam ohne Krankheit zur Welt. Vorbild für den Bau war die Marienkapelle, die auf dem Berg Karmel im Heiligen Land steht. Dort fand der biblische Wettstreit zwischen dem Propheten Elias und den Priestern des Baal statt. Übrigens wurde der Hügel, der immerhin die höchste Erhebung in der alten Herrschaft Bassenheim darstellt, erst anlässlich der Errichtung der Kapelle umgetauft. Sein alter Name hat einen ganz anderen Beigeschmack: Der Volksmund nannte ihn Hexenberg ...

Die Marienkapelle auf dem alten Hexenberg

Und weiter geht die Reise in die Vergangenheit – und zwar in die Eiszeit. Denn die Region gehört zu den ältesten Siedlungsgebieten der Welt. Wer um die Anhöhe herummarschiert, kann von ihrem nordöstlichen Rand auf die Reste des „Schweinskopfs" schauen. Dieser Löß-Berg, der dem Karmelenberg vorgelagert ist, wurde durch den Lava-Abbau fast gänzlich abgetragen. Bei den Arbeiten fand man Knochen von Elefanten, Nashörnern und Rentieren sowie Steinwerkzeuge und Feuersteine. Man hatte die Überreste eines alten Lagerplatzes entdeckt, der sich in einem Krater befand. Vor rund 200000 Jahren hielten sich hier die frühen Neandertaler auf.

Auch der Karmelenberg selbst ist ein erloschener Vulkan, der vor rund 300000 Jahren ausbrach. An seinem Fuß kann man einen Blick in die geologische Vergangenheit werfen. Dort unten befindet sich ein ehemaliger Steinbruch. Tatsächlich war Basaltlava bis in die zwanziger Jahre des letzten Jahrhunderts ein beliebtes Bau-

material. Noch heute sieht man in der Region viele Häuser, die aus den dunklen Steinen errichtet wurden.

Der zweite Teil des Rundwegs führt uns unvermutet in eine völlig andere Welt, nämlich zu einer keltischen Anlage: Zwischen Bassenheim und Kobern-Gondorf liegt der geheimnisumwitterte Goloring, der auch als „Stonehenge der Eifel" bezeichnet wird. Um dorthin zu gelangen, wandern wir vom Karmelenberg ein kurzes Stück in südliche Richtung. Nachdem der Wald den Wanderer ausgespuckt hat, fällt der Blick zunächst auf weite Felder und das „Pellenzer Land". Nun folgen wir der gegenüberliegenden K 95 ein kleines Stück nach links. Diese

Von Bäumen
und Büschen
überwuchert:
der Goloring

wenig befahrene Straße bringt uns auf die andere Seite der Autobahn. Dort wo das Sträßlein auf die L 52 trifft, halten wir uns rechts und marschieren in Richtung Achterspannerhöfe 2 und 3. Jetzt wird es für kurze Zeit sehr bäuerlich. Wir kommen an einem Gehöft vorbei, an das sich eine winzige, aber sehr urige Kapelle anschmiegt. Dann marschieren wir weiter auf einem Feldweg. An der Kreuzung geht es dann nach links – und wir befinden uns unmittelbar am **Goloring**.

Zwar ist das Gelände, das früher von der Bundeswehr genutzt wurde, umzäunt. Doch schon in die Nähe der sagenumwobenen Anlage zu kommen, hat seinen Reiz. Wahrscheinlich handelt es sich hierbei um eine der bedeutendsten keltischen Kultstätten auf dem europäischen Festland!

Der rund 2 800 Jahre alte Goloring besteht aus einem kreisrunden Graben von 175 Metern Durchmesser mit einem darum liegenden Außenwall. Die Anordnung ähnelt dem weltberühmten Steinkreis von Stonehenge. In der Mitte erhebt sich ein rundes, künstlich aufgeschüttetes Plateau von 1 bis 1,50 Meter Höhe, in dessen Zentrum ein dicker Pfosten von rund zehn Metern Höhe gestanden haben soll. Experten vermuten, dass es sich dabei um eine gigantische Sonnenuhr gehandelt hat, eine Art prähistorischer Kalender für die damalige Landwirtschaft. Und wie bei den englischen und irischen Kultstätten auch befinden sich rund um das Heiligtum große Felder mit über 100 Hügelgräbern – und zwar in einer

Dichte, wie sie in Deutschland kein zweites Mal vorkommt. Nach Auffassung einiger Archäologen könnte es sich beim Goloring um eine Art kulturelles Zentrum mit Observatorium gehandelt haben, in das die Menschen aus der weiteren Umgebung kamen, um kultische Feiern und Versammlungen abzuhalten und ihre Toten zu bestatten. Die erst allmählich beginnende Erforschung des Geländes wird sicher noch spektakuläre Funde und Erkenntnisse zu Tage fördern.

Der Weg führt weiter bis zu einem Parkplatz. Dort halten wir uns rechts, laufen ein kurzes Stück an der Landstraße entlang, bis wir durch eine Unterführung wieder auf die andere Seite der Autobahn gelangen. Von hier aus geht es geradewegs zurück nach Bassenheim. In der Nähe des Ortseingangs stand vor 2500 Jahren übrigens eine keltische Siedlung. 1987 begann man hier mit den Ausgrabungen. Dabei wurden die Grundrisse mehrerer Häuser freigelegt, zu denen auch ein Webhaus gehörte. Man fand zahlreiche Vorratsgruben mit Resten von Gefäßen, Geschirr und anderen Haushaltsgeräten. Vor Ort ist davon leider nichts mehr zu sehen. Die Fundstücke sind aber zum Teil in der archäologischen Abteilung des Landesmuseums auf der Festung Ehrenbreitstein in Koblenz ausgestellt. Dort kann man unter anderem einige keramische Gefäße bestaunen sowie ein 3200 Jahre altes Griffzungenschwert aus Bronze. Diese alte Waffe besitzt eine lange Klinge und eine Platte als Griff. Auf dieser wurden Griffschalen aus Holz oder Knochen aufgenietet.

Der „Bassenheimer Reiter" ist die wohl berühmteste Martinsdarstellung

Als Mainzer Domherr ließ Casimir von Walbott 1683 den Bassenheimer Reiter in seinen Heimatort bringen

Auf dem Rückweg darf der müde Wanderer dann noch seinen Durst kostenlos am „Bur", wie das alte Wort für Mineralbrunnen lautet, stillen. Die eisenhaltige St. Martinsquelle sprudelt im Altengärtenweg (der vom Karmelenberger Weg abzweigt) in einem Pavillon, dem so genannten Sauerbrunnen.

Am Ende des Weges wartet noch ein echter Schatz auf den kunstbegeisterten Wanderer: In der Pfarrkirche am Walpotplatz hängt der **Bassenheimer Reiter**. Das Sandsteinrelief aus dem Jahr 1239 stammt vom berühmten Naumburger Meister und ist die wohl bekannteste Martins-Darstellung des Abendlandes. Auch der Walpotplatz selbst mit seinen schmucken Fachwerkhäusern ist mehr als einen Blick wert.

Zum Abschied winken dann noch drei ehrwürdige Herren aus Stein: Heinrich, Siegfried und Casimir. Sie alle gehörten dem Geschlecht derer von Walbott an, das um 900 nach Bassenheim kam, und haben ebenfalls einiges zur geschichtsträchtigen Vergangenheit des kleinen Örtchens beigetragen: Heinrich wurde 1198 zum ersten Großmeister des Deutschen Ordens ernannt. Siegfried gründete die erste Stadt Masurens und nannte sie Bassenheim (heute Pasym). Und Casimir brachte im 17. Jahrhundert den „Bassenheimer Reiter" mit nach Hause. Wer bei der Abfahrt in den Rückspiegel schaut, erhascht sogar noch einen Blick in den Schlosspark. Die ursprüngliche Anlage wurde ebenfalls von den Walbottern errichtet und im Laufe der Jahrhunderte mehrfach umgebaut. Zwischen 1945 und 1948 diente die Burg als Residenz des französischen Gouverneurs von Rheinland-Pfalz. In ihren Räumen traf 1948 Konrad Adenauer zum ersten Mal auf Robert Schumann. Gemeinsam stellten sie die Weichen für die deutsch-französische Verständigung. Wirklich – es war und ist allerhand los in Bassenheim.

Abstecher nach Fraukirch und zur Genoveva-Höhle

Nimmermüde unternehmen anschließend noch einen Abstecher zur Genoveva-Höhle. Auf dem Weg dorthin, zwischen Ochtendung und Thür, sollte man einen Stopp in **Fraukirch** einlegen. Das einsame, auf einem Hügel gelegene Fleckchen, nur aus einer alten Wallfahrtskirche und einem barocken Gehöft unter Kastanienbäumen bestehend, hängt eng mit der Genovevalegende zusammen. Diese erzählt die Geschichte von Genoveva von Brabant, der Gemahlin des Pfalzgrafen Siegfried. Als ihr

Mann zum Kreuzzug ins Heilige Land aufbrach, versuchte sein Hofmarschall Golo, die schöne und schwangere Genoveva zum Ehebruch zu verführen. Sie widersetzte sich, woraufhin der verschmähte Bösewicht sie gegenüber dem heimkehrenden Pfalzgrafen der Untreue bezichtigte. Genoveva floh mit ihrem Sohn Schmerzensreich durch die dichten Eifelwälder, begleitet von einer weißen Hirschkuh, die ihr die Jungfrau Maria geschickt hatte. Sie fand Obdach in einer Höhle – fast sieben Jahre lang. Schließlich traf Ritter Siegfried bei einem Jagdausflug im Wald auf seine Frau, versöhnte sich mit ihr und ließ genau an der Stelle ihres Wiedersehens eine Kirche errichten …

In dieser düsteren Höhle im Wald soll sich die schöne Genoveva einst versteckt haben

In ihrem Inneren erzählt der barocke Hochaltar aus dem Jahr 1664 die Sage in lebendigen Szenen nach.

Die **Höhle**, die Genoveva als Unterschlupf gedient haben soll, liegt versteckt im Wald unterhalb der Spitze des Hochsteins (563 Meter), zwischen Ettringen und Bell. Ein Feldweg gegenüber der Abfahrt zu den „Rooder Höfen" führt zum Parkplatz. Bereits nach kurzem Fußmarsch erreicht man das von Efeu umrankte Felsenloch, das schon von außen recht düster wirkt. Tatsächlich handelt es sich bei der Höhle um den Stollen eines lange vergessenen, mittelalterlichen Mühlsteinbruchs. Wenn man hineingeht, gelangt man nach der ersten Höhlenkammer durch einen engen Durchgang in eine recht große Halle. Auch der kurze Aufstieg aufs Höhlendach lohnt sich. Denn von oben bietet sich ein fantastischer Blick auf den Laacher See.

Der ruchlose Golo musste seine Tat übrigens durch Vierteilung bezahlen. Und hier schließt sich der Kreis unseres Ausflugs: Denn der Ort der Hinrichtung soll – man ahnt es schon – der Goloring gewesen sein, der daher seinen Namen hat.

Anfahrt:

A 61, Abfahrt Plaidt, Richtung Ochtendung, dann Ausschilderung Bassenheim folgen. Parken in Bassenheim, zum Beispiel am Walpotplatz. Von dort folgen wir dem Wegweiser Karmelenberg/Marienkapelle.

Nach Fraukirch: von Bassenheim aus zurück auf der L 258 Richtung Mayen. Hinter Ochtendung rechts abbiegen nach Mendig. Nach rund 2 km erreicht man zur Linken die Abbiegung nach Fraukirch.

Zur Genovevahöhle: Geradeaus weiter, durch Mendig und Bell in Richtung Mayen. Kurz vor Ettringen gegenüber der Abfahrt zu den „Rooder Höfen" führt ein Feldweg zum Parkplatz.

Auskunft:

Gemeindeverwaltung in Bassenheim, Walpotplatz 9, 56220 Bassenheim, Tel. 02625/4456, **www.bassenheim.de**, geöffnet wochentags außer Do von 8 bis 12 Uhr. Dort können auch Führungen zur Marienkapelle mit Erklärungen über den Karmelenberg vereinbart werden.

Hinweise:

• Für die Besichtigung der Genoveva-Höhle sollte man eine Taschenlampe einpacken.
• Der Goloring ist meistens am Tag des offenen Denkmals, der an jedem zweiten Sonntag im September stattfindet, frei zugänglich. Außerdem kann man das Gelände im Rahmen einer Führung besichtigen (Informationen bei Dr. Wolfgang Zäck, Tel. 02651/2530 oder Dr. Axel von Berg, 0261/579 40 13).
• Weitere Informationen zu Goloring, Fraukirch und Genoveva-Legende: Dr. Wolfgang Zäck: Und so wurde sein Körper in vier Teile geteilt, Mayen 2004, ISBN 3-9806426-6-6 (im örtlichen Buchhandel erhältlich), 9,95 Euro
• Landesmuseum auf der Festung Ehrenbreitstein, 56077 Koblenz, Tel.: 0261/6675-0, **www.landesmuseumkoblenz.de**, von Mitte März bis Mitte November täglich von 9.30 bis 17 Uhr geöffnet (im Winter geschlossen).
• Tipp: Seit Frühjahr 2006 existiert ein „Kelten-Rundwanderweg", der sich zum großen Teil mit der hier vorgestellten Route deckt. Er führt zu den wichtigsten Zeugnisstätten der frühen Besiedelung – und wird in Zukunft noch um weitere Schautafeln und Bänke ergänzt.

Karte:

Wanderkarte Nr. 37 des Eifelvereins, „Rund um den Laacher See", 1:25000, **www.eifelverein.de**

8

Der heilige Berg

Fernab ins Tal der Nahe

Keine Frage, Hildegard von Bingen ist sehr bekannt. Doch nicht viele Menschen wissen, wo sie rund die Hälfte ihres Lebens verbracht hat: auf dem Disibodenberg bei Bad Kreuznach. Dort kann man noch heute die Ruinen der großen Klosteranlage besichtigen, in der sie einst ihr erstes visionäres Werk schrieb. Ein Ausflug zu einer wildromantischen, uralten Stätte – und ein Streifzug durch rund 1400 Jahre Kirchengeschichte.

Spaziergang über den Disibodenberg

Länge: vom Museum zur Anlage und zurück knapp
2 km, Gehzeit: Aufstieg zum Berg 10 Min., danach
1 bis 2 Stunden Besichtigung

Waldböckelheim klingt nicht gerade nach Großstadt. Und tatsächlich, wer auf dem kleinen Sträßchen, vorbei an Wiesen und Wäldern, der 2440-Seelen-Gemeinde entgegenschaukelt, dem wird ganz ländlich ums Gemüt. Doch es geht noch abgeschiedener von der Welt: Inmitten von Weinhängen und Schafweiden liegt das Weingut von Racknitz. Genau hier, man glaubt es kaum, befand sich früher eine bedeutende Stätte der Kelten, Römer, Benediktiner und Zisterzienser.

Der Meditationsweg, errichtet zum 900. Geburtstag der Hildegard von Bingen

Ein kurzer Weg führt vom Weingut auf den 200 Meter hohen Disibodenberg. Man schlendert an einer knorrigen Eiche vorbei und betritt den so genannten **Meditationsweg**. Zwölf Stationen mit Texttafeln, die je einen Psalm und Gedanken der Hildegard von Bingen enthalten, begleiten den Besucher zur ehemaligen Klosterpforte. Vor uns liegen die verfallenen Grundmauern einer riesigen mittelalterlichen Abtei, die von Büschen und Bäumen überwuchert sind – eine labyrinthartige Anlage, deren Wurzeln weit in die Vergangenheit zurückreichen. Schon zu Zeiten der Kelten und der Römer soll sich hier oben ein Heiligtum befunden haben. Vor rund 1400 Jahren erklomm dann der Namensgeber des Berges – der irische Mönch Disibodus – mit drei Gefährten die Anhöhe und zimmerte sich eine Klause. Mehr als drei Jahrhunderte später, anno 975, bezogen zwölf Augustiner-Chorherren den Bergrücken und errichteten ein Stift. Die

Überreste aus den verschiedensten Epochen zeugen von der einstigen Größe der Anlage

Steine der Friedhofskapelle, die auf dem höchsten Punkt des Berges steht, könnten die Ruinen dieses ersten gemauerten Kirchenbaus sein.

Rund 100 Jahre später wurden die Augustiner von den Benediktinern abgelöst – und die große Bautätigkeit auf dem Disibodenberg begann. 1108 legten die Mönche den Grundstein zu der dreischiffigen **Basilika**, deren Fundamente erhalten geblieben sind. Wer zwischen ihnen steht, erkennt genau, wo einmal der Altar war und wo sich die Seitenschiffe befanden. Der Umriss lässt erahnen, wie groß diese Kirche einmal gewesen sein muss. Dabei gab es damals in dieser Gegend gar nicht so viele Gläubige, die sie hätten füllen können. Auch lebten auf dem Berg zunächst nicht sehr viele Mönche, wenn man die Größe des Kapitelsaals, der ebenfalls in Grundzügen erhalten ist, als Anhaltspunkt nimmt. Es war wohl eine Ära des großen Glaubens und der vielen Zeit. So dauerte es auch 35 Jahre, bis das Gotteshaus fertig war.

Dessen Errichtung konnte **Hildegard von Bingen** (1098–1179) mit eigenen Augen verfolgen, wie sie in ihrer Vita schrieb. Schon als Kind war sie von ihren adligen Eltern für ein Leben im Kloster bestimmt worden. So kam sie bereits als junges Mädchen unter die Fittiche von Jutta von Sponheim. Spätestens ab 1112 lebte sie in der Frauenklause auf dem Disibodenberg, der Jutta von Sponheim als Äbtissin vorstand. Dort erhielt sie ihre Ausbildung, die für eine Frau des Mittelalters erstaunlich umfassend war. Als ihre Mentorin 1136 starb, wurde Hildegard die neue Meisterin vom Disibodenberg. Fünf Jahre später kam es zu einem Ereignis, das ihr Leben verändern sollte.

Zwischen diesen Steinen lebte und wirkte einst Hildegard von Bingen

1141, als sie „42 Jahre und sieben Monate alt war", wie sie selbst notierte, erteilte eine innere Stimme ihr den Auftrag: „Schreibe, was du siehst und hörst." Schon als Kind hatte sie Visionen gehabt, in denen sich ihr die Zusammenhänge zwischen Gott, Mensch und Kosmos offenbarten. Nun begann sie ihre innere „Schau", wie sie es nannte, niederzuschreiben – und auf dem Disibodenberg ihr erstes visionäres Werk „Scivias" (Wisse die Wege des Herrn) zu verfassen. Dabei stand ihr unter anderem der Mönch Volmar zur Seite, der ihre Texte ins Lateinische übertrug. Jedoch hätten ihre Eingebungen vielleicht nie die Klostermauern verlassen, wenn die schreibende Äbtissin nicht Zweifel an ihrer Arbeit befallen hät-

ten. Daraufhin wandte sie sich an Bernhard von Clairvaux, der ihre Schriften 1147 Papst Eugen III. auf der Synode zu Trier vorlegte, der wiederum ihre Sehergabe bestätigte.

An welchem Platz auf dem Disibodenberg genau ihre Gedanken aufs Papier geflossen sind, weiß niemand mehr. Man vermutet allerdings, dass sie und ihre Mitschwestern anfänglich im Bereich des späteren Westteils des Kreuzgangs lebten. Als die weiblichen Mitgliederzahlen stiegen, kamen die Frauen wahrscheinlich provisorisch in Gebäuden bei der Friedhofskapelle unter, die noch aus der Stiftzeit stammten, und wohnten später in einer an die so genannte Laienkapelle angelehnten Klause neben der Klosterpforte.

Nachdem Hildegard von Bingen lange Jahrzehnte in diesem Konvent verbracht hatte, beschloss sie, eine eigene Abtei zu gründen. Zwischen 1147 und 1151 siedelte sie zusammen mit rund 20 Schwestern auf den Rupertsberg bei Bingen um. Dort entstanden ihre weiteren Schriften: theologische, aber auch naturkundliche und medizinische Texte sowie Liedkompositionen und Gedichte. Sie entwickelte sogar eine eigene Sprache. Noch als 67-Jährige übernahm die rührige Nonne ein weiteres Kloster auf der rechten Rheinseite in Eibingen bei Rüdesheim. Als sie im Alter von 81 Jahren starb, verlor die mittelalterliche Welt ein Universalgenie. Hildegard von Bingen besaß ein verblüffend modern anmutendes „Managertalent". Dies zeigt sich darin, wie sie ihre Schriften im Team fertig stellte, aber vor allem, wie sie ihre Klostergründungen organisierte. Darüber hinaus war sie Naturwissenschaftlerin, Mystikerin, Philosophin, Poetin und Politikerin zugleich und korrespondierte mit Päpsten und Kaisern, wie zum Beispiel mit Friedrich I. Barbarossa.

Nachdem Hildegard sie verlassen hatte, kam es allmählich zum Niedergang ihrer ersten Wirkungsstätte. Wiederum rund 100 Jahre später wurde das Benediktinerkloster dann von den Zisterziensern übernommen – und die

Die Ruinen des Abteigebäudes

Gotik zog ein auf dem Disibodenberg. Ab 1259 wurde die Anlage kräftig umgebaut. Architektonische Zeugen dieser Zeit sind die erhaltenen Wände vom Hospiz und vor allem des Abteigebäudes, dessen Giebel sich immer noch über die Baumwipfel erhebt. Noch heute schaut hoch oben in der Luft eine wunderbar gearbeitete Steinfigur unter einem Konsolstein ins Land. Wer die Mauern genau betrachtet, kann außerdem das ein oder andere Überbleibsel aus früheren Epochen entdecken: Im Hospiz steckt beispielsweise ein römisches Lorbeerblatt zwischen den Mauersteinen, das so

gar nicht hierhin passen will. Die Baumeister verbauten eben immer auch Bruchstücke ihrer Vorgänger ...

Ab 1559 war in Folge der Reformation endgültig Schluss mit dem Klosterleben auf dem Disibodenberg. Das Areal diente im Dreißigjährigen Krieg spanischen und anderen Truppen als Garnison. Ab dem 18. Jahrhundert hat man die Gemäuer als Steinbruch für die umliegenden Dörfer benutzt. Auch der Rupertsberg wurde im 17. Jahrhundert zerstört. 1857 sprengte man außerdem den Felsen für den Bau der Nahetal-Eisenbahn. Damit waren fast alle sichtbaren Überbleibsel der zweiten Heimstatt der Hildegard von Bingen verschwunden. Nur noch fünf Bögen der alten Kirche sind in einem Bingerbrücker Möbelhaus erhalten.

Ungefähr zu dieser Zeit, Mitte des 19. Jahrhunderts, erlebte der Disibodenberg eine erste kleine Renaissance. 1842 erwarb Peter Wannemann, ein Rentner aus Kreuznach, das Gelände. Er beauftragte den Heidelberger Gartenbauinspektor Ludwig Johann Metzger damit, in den Ruinen einen romantischen Park anzulegen. Und Metzger war beileibe kein Unbekannter, sondern ein Parkkünstler: Ihm oblag die 1804 begonnene Ausgestaltung des Heidelberger Schlossgartens. Außerdem legte er den Botanischen Garten der Universität Heidelberg sowie zahlreiche private Gärten und Parks an.

Relikte der Vergangenheit auf dem „heiligen Berg"

Nun diente der Disibodenberg als Naherholungsziel für die aufstrebenden Bäder Kreuznach und Münster. Auch die **Parkanlage** kann man heute noch in ihrem Wegekonzept und einigen Baumarrangements erkennen. Ein Original-Element jener Epoche ist das Gartenhäuschen in der Nähe der Klosterpforte. Allerdings spielte Hildegard von Bingen damals keine Rolle mehr. In alten Reiseführern von 1880 kann man zwar nachlesen, dass ein Gärtner mit Reisenden Führungen unternahm, aber die wohl berühmteste Frau des Mittelalters wird mit keiner Silbe erwähnt. Da die privaten Besitzer nie vor Ort lebten, schlief die Pflege der Anlage vermutlich irgendwann ein. Der Berg versank wieder in der Vergessenheit, bis Gräfin Ehrengard von Hohenthal die Klosterruine 1954 erbte. Anfang der sechziger Jahre ließ sie erste größere Sicherungsarbeiten durchführen. Mitte der achtziger Jahre unternahm dann das Archäologische Landesamt für Denkmalpflege einige Ausgrabungen. Hierbei wurden unter

Erstaunlich
gut erhalten:
die alten
Gewölbe
unter dem
Abteigebäude

anderem alte Grabplatten von Rittern, Äbten, Adligen und Beginen aus dem 12. bis 15 Jahrhundert entdeckt. Diese hat man (mit einer im Museum zu bewundernden Ausnahme) an Ort und Stelle liegen lassen, dokumentiert und wieder mit Erde bedeckt. Einige Kopien sind in der Marienkapelle ausgestellt. Und wer weiß, was man noch alles entdecken wird. Denn auch derzeit wird noch gegraben. Erst 2004 hat man das gut erhaltene Stück eines römischen Altars gefunden.

Bei dem Rundgang über das Gelände kommt man außerdem an den Mauerresten von Werkstätten und Vorratskellern vorbei. Auffällig ist der gewaltige Backofen, vielleicht der Überrest einer Römerwarte. Wer nach unten schaut, sieht in manchen Ecken Glan- und Nahekiesel auf der Erde liegen. Damit pflasterte man damals die Wege. Die meisten Gebäude waren wohl zweistöckig und zum Teil sogar beheizt. Überhaupt war die Anlage sehr modern. Noch heute verblüfft eine alte Zisterne, die so präzise gearbeitet ist, dass sie sich wohl ohne Probleme wieder in Betrieb nehmen ließe. Auch kann man die Reste eines ausgetüftelten **Wasserleitungssystems** mit Frischwasser, Brauchwasser und Abwasser erkennen. Heute scheint sich jedoch im alten Röhrensystem eine Dachs-familie niedergelassen zu haben, im Gewölbe unterhalb des Abteibaus wohnen Käuzchen und in den Ruinen der Kirche wurde unlängst ein Kuckuck gesichtet.

Nach dem Streifzug durch so viel Zeitgeschichte sollte man sich einen Moment Ruhe gönnen und dem wunder-baren Rundumblick Beachtung schenken. Vom Bergrü-cken aus sieht man direkt auf den Zusammenfluss von Glan und Nahe. Schauen Sie mal auf die Uhr. Ist es spät geworden und Sie haben es gar nicht bemerkt? Die Zeit vergeht eben anders auf dem Disibodenberg.

Wer nach der Besichtigung noch tiefer in die Geschichte des Hügels eintauchen möchte, sollte das kleine **Muse-um** an seinem Fuße besuchen. Es gehört zur „Scivias-Stiftung", die die heutigen Besitzer, die Familie Freiherr von Racknitz, 1989 gründeten, um den „heiligen Berg" zu erhalten. Zu den beachtenswertesten Fundstücken, die dort ausgestellt sind, zählen 22 einmalig schöne Schluss-steine der Zisterzienserzeit. Sie geben ein beeindrucken-des Zeugnis davon, welch große Künstler die „Brüder Steinmetze" damals waren. Im angrenzenden kleinen

Ungewöhn-liche Christus-darstellung auf einem der 22 Schluss-steine

Museums-Shop kann man außerdem ein Textheft kaufen, in dem die Tafeln des Meditationsweges zum Nachlesen festgehalten sind.

Und noch mehr Hildegard bekommt, wer durchs liebliche Nahe-

Ein müßiger Begleiter auf dem Weg zum Museum

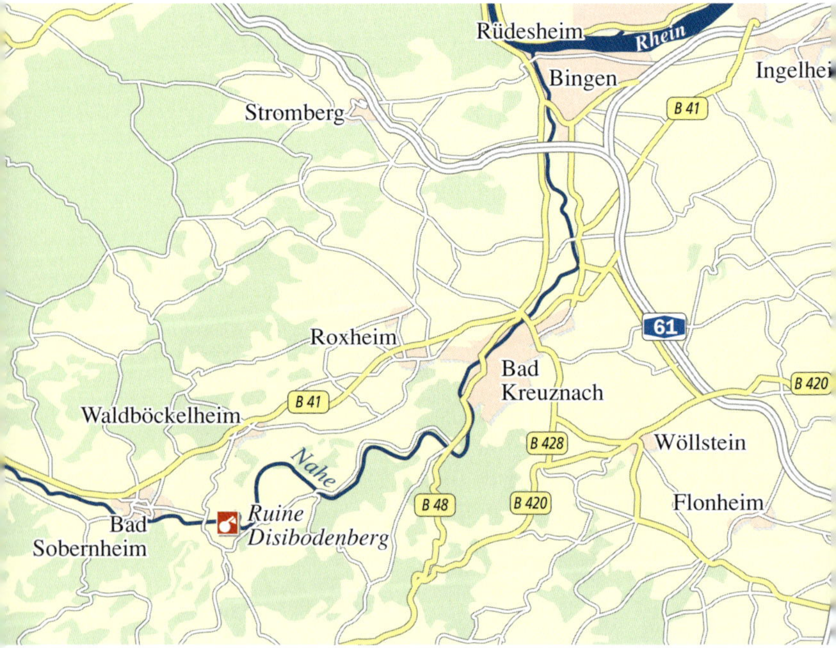

tal fährt, vorbei an schroff abfallenden, alpin anmutenden Bergpanoramen, bis nach Bingen. Dort befindet sich im alten Elektrizitätswerk das „Museum am Strom", welches für seine Gäste jede Menge anschauliche Informationen über das Leben der „Prophetissa Teutonica" bereithält.

Anfahrt:

A 61 bis Kreuz Bingen, dort auf die B 41 an Bad Kreuznach vorbei in Richtung Bad Sobernheim, Abfahrt Waldböckelheim in Richtung Odernheim. Ab Staudernheim Ausschilderung folgen.

Auskunft:

Scivias-Stiftung, Klosterruine Disibodenberg, 55571 Odernheim am Glan, Tel. 06755/969 91 88, E-Mail: stiftung@disibodenberg.de, **www.disibodenberg.de**

Hinweise:

- Die Klosterruine ist jederzeit über einen Ticketautomaten am Besuchereingang zu betreten, Eintritt: 3 Euro
- Öffnungszeiten des Museums von April bis Oktober: Di-Fr 9-18 Uhr, Sa und So 11-17 Uhr. In den Wintermonaten zwischen November und März öffnet das Museum nach Voranmeldung seine Tore. Zweistündige Führungen finden im Sommer jeweils am 2. und 4. Sonntag im Monat um 14 Uhr statt.
  Kosten: 5 Euro inkl. Eintritt. Gruppenführungen jederzeit nach Absprache.
- Historisches Museum am Strom, Museumstr. 3, 55411 Bingen am Rhein, Tel. 06721/99 15 31 (10-17 Uhr), **www.bingen.de**, Di-So 10-17 Uhr, Eintritt: 3 Euro. Interessant ist etwa das weltberühmte 67-teilige chirurgische Besteck, das im Grab eines römischen Militärarztes gefunden wurde. Ein kompletter antiker „Arztkoffer", der alles enthält, was man damals brauchte – vom Skalpell bis zum Schädelbohrer. Außerdem zu sehen: die Rhein-Romantik-Abteilung. Sie zeigt, wie Bingen vor 200 bis 250 Jahren ausgesehen hat.

Orte
zum
Wundern

Druidensteine, Kraftlinien und Spukgestalten

9

Mystik und Muße auf 8 x 4

Kreuz und quer übers Ferschweiler Plateau

Ob verwunschene Menhire, geheimnisvolle Ringburgen oder römische Gräber: Auf dem Ferschweiler Plateau schlummern seit Jahrtausenden zahlreiche Relikte untergegangener Kulturen. Und das ist noch längst nicht alles. Hinzu kommen einzigartige Naturschönheiten, wie kilometerweite Felspartien aus Buntsandstein und viel stiller Wald. Es gibt wohl kaum eine andere Region, in der sich so viele Sehenswürdigkeiten dicht an dicht befinden. Deswegen kann man es hier auch gut und gerne ein ganzes Wochenende aushalten – genug Zeit, um die bizarre Landschaft, der etwas Mystisches anhaftet, auf sich wirken zu lassen.

Wanderung über das Plateau

Verschiedene Routen möglich, Schwierigkeitsgrad: einfach bis mittel (Da die Wege teilweise schlecht ausgeschildert sind, sollten Sie eine Wanderkarte mitnehmen.)

Schon seit Urzeiten zieht das Ferschweiler Plateau die Menschen magisch an. Und fast jede Epoche hat auf diesem verwunderlichen Landstrich ihre Spuren hinterlassen. Vor rund 3200 Jahren lebten hier bronzezeitliche Siedler, seit etwa 700 v. Chr. stromerte der keltische Stamm der Treverer über die Hochebene. Bis heute erzählen steinerne Zeugen von ihrer Anwesenheit, die Menhire. Diese Brocken wurden damals vermutlich zu kultischen Zwecken aufgestellt und zwar an Orten, denen man magische Eigenschaften zuschrieb. Gleich drei jener wundersamen Hinkelsteine ragen aus der Erde des Ferschweiler Plateaus heraus: der Druidenstein, der Langenstein und das geheimnisvolle **Fraubillenkreuz**.

Der Druidenstein, einer von drei Monolithen auf dem Ferschweiler Plateau

Seit Menschengedenken steht es an einer Weggabelung zwischen den Bäumen und verblüfft wohl jeden, der es zum ersten Mal sieht: ein mächtiger Stein, der ein Gardemaß von 3,5 Metern besitzt und sich – wie von der Last der Jahre gebeugt – leicht zu Boden neigt. Seine obere Hälfte besteht aus einem grob gemeißelten Kreuz.

Man vermutet, dass es sich um einen Menhir handelt, der in frühchristlicher Zeit umgearbeitet wurde. Einer Legende zufolge soll dies der hl. Willibrord getan haben, ein englischer Missionar, der im 7. Jahrhundert das Kloster Echternach gründete. Allerdings hat es sich bei dem fast 5000 Jahre alten Monolithen wohl nicht nur um ei-

Das sagenum-
wobene
Fraubillen-
kreuz: Wurde
hier eine
heidnische
Matrone
verehrt?

nen „x-beliebigen" Kultstein gehandelt, zumindest scheint er irgendwie weiblich zu sein. Seit dem 16. Jahrhundert wurde er „Fra Billen" oder „Sybillen Creutz" genannt. Die Bezeichnung „Sybillen" könnte auf die gleichnamigen antiken Prophetinnen zurückgehen und eine weissagende Frau meinen. Die Legende berichtet ferner, dass sich am Tag eine Fee, die „Frau Sybilla", im Kreuz verborgen halte und spinne. Des Nachts aber streife sie als wilde Jägerin umher und bringe dem einsamen Wanderer Unheil. Wenn man sich hinter den Monolithen stellt, kommt man aber noch auf eine ganz andere Idee. Die weichen Formen des unteren Teils erinnern an einen weiblichen Körper. Vielleicht stand hier eine überdimensionale Fruchtbarkeitsgöttin, eine „Nana" der Eifel sozusagen? Solche Kurven dürften den Kirchenmann dann wohl noch mehr gereizt haben, höchstpersönlich Hand anzulegen.

Eine weitere mögliche Kultstätte ist der **Opferaltar**, ein gigantischer, fast frei schwebender Sandsteinblock. Er verdankt seinen Namen einigen Einkerbungen. In diesen soll, so munkelt man, das Blut geschlachteter Opfertiere abgeflossen sein. Aber vielleicht sind die Kanäle auch nur Furchen und Falten, die der Koloss im Zuge der Zeit bekommen hat. Kaum anzuzweifeln ist, dass der Riese aufgrund seines ungewöhnlichen Aussehens schon in der Frühzeit eine große Anziehungskraft auf die Menschen ausübte.

Darüber hinaus befinden sich auf dem Areal die Überreste von prähistorischen Ringburgen: im Südwesten die Niederburg, im Norden die so genannte **Wikingerburg** – ein rund 160 Meter langer, bis zu 25 Meter breiter und

Koloss im
Wald: der
Opferaltar

circa 10 Meter hoher Wall aus Holzstämmen, Steinen,
Sand und Erde. Mit diesem Bollwerk wollte man vermutlich den Zugang zum Plateau absichern, das ansonsten fast eine natürliche Festung ist. Denn die vier Kilometer breite und acht Kilometer lange Hochebene wird
an drei Seiten durch wuchtige, steil abfallende Wände aus
Sandstein vor unliebsamen Eindringlingen geschützt. Nur
nicht im Norden, wo sie nahtlos in die angrenzende Landschaft übergeht.

Heute benötigt man allerdings eine gehörige Portion an
Vorstellungskraft, um sich das einst so gewaltige Aus-
maß der Anlage vorzustellen. Denn außer einem über-
wucherten Hügel ist nicht mehr viel übriggeblieben. Der
klangvolle Name führt übrigens in die Irre: Mit den Wi-
kingern hat das Bauwerk nichts zu tun. Der Name ist
wohl eher der Phantasie der Einheimischen späterer Jahrhunderte entsprungen. Ganz in der Nähe befand sich außerdem eine Siedlung, von der ebenfalls kaum mehr etwas zu sehen ist. Nur die Reste einiger runder Hügelgräber aus dem 12./11. Jahrhundert v. Chr. sind erhalten geblieben.

Überhaupt gibt es auf der Hochebene eine Vielzahl alter
Gräber. So kann man beispielsweise auf dem Hartberg,
nördlich von Schankweiler, die Reste des **Seelenlochs**
besichtigen. Dies ist ein rechteckiges Steinkistengrab,

das aus mehreren dicken Steinplatten besteht. Es wurde um 2800 vor unserer Zeitrechung angelegt und über viele Generationen hinweg benutzt. Eine der Platten besitzt in der Mitte ein 70 cm großes Loch, das der Fundstelle ihren Namen gab: Man vermutete, dass die Seele durch diesen Ausgang schlüpfen sollte.

In der Nähe von Ferschweiler gibt es einen gallo-römischen Bestattungsplatz, die so genannten **Kiesgräber**. Julius Cäsar eroberte um 58 bis 51 v. Chr. unter anderem die Eifel und die Ardennen und überwältigte dabei so ganz nebenbei auch die Treverer. Und die neuen Herren waren praktisch veranlagt: Sie benutzten die keltische Begräbnisstätte einfach weiter. Allerdings setzten sie den Gräbern runde oder spitzgieblige Dächer auf, denn ihre Toten sollten sich wie zu Hause fühlen. Heute sieht man hier mehrere flache Felsblöcke. Sie haben auf der Oberseite rechteckige Kuhlen, in die man damals die Asche der Toten versenkte. Unweit Holsthum befindet sich ein weiteres römisches Gräberfeld mit Platten- und Kistengräbern. Interessant sind einige Grababdeckungen, die an die Form von Menhiren und Pyramiden erinnern, sowie die Reste eines Grabs mit rundem Deckel.

Auch das so genannte **Schmittenkreuz** ist eigentlich ein aus dem Felsen gehauenes römisches Grabdenkmal. Es stammt aus dem 2. oder 3. Jahrhundert n. Chr. Man findet es dort, wo die Sauer einen Knick macht.

Von den Römern künden aber auch noch einige „lebendigere" Denkwürdigkeiten, beispielsweise das **Diana-Denkmal**. Von diesem Sandsteinblock aus dem 2. Jahrhundert n. Chr. steht ebenfalls nur noch die untere Hälfte. Auch hier soll der hl. Willibrord seine Hand im Spiel gehabt und die heidnische Göttin im Zuge der frühen Christianisierung zerschlagen haben. Zurück blieb nur eine Inschrift und der Beginn eines Reliefs: Eingerahmt von Säulen, von denen nur die Sockel erhalten sind, lassen sich die Beine und die Kleidung einer Frau erahnen, neben ihr ein Hund. Darunter die Worte: „Deae Dianae Q(uintus) Postumius Potens V(otum) S(olvit)." Sie bedeuten übersetzt: „Der Göttin Diana hat Quintus Postumius Potens den Stein gewidmet und das Gelübde erfüllt." Wofür er sich bei der Göttin der Jagd wohl bedankt hat?

Auf dem Weg zwischen Weilerbach und Ernzen kann man einen zweiten Dank an eine Göttin aus alter Zeit entdecken, zumindest wird dies angenommen. Hier sieht man die Worte „Artioni Biber" in großen Lettern in die Felswand gehauen. Darüber ist ein Hammer zu erkennen. Er deutet auf den römischen Waldgott Silvanus hin, der stets mit diesem Werkzeug abgebildet wurde. Man vermutet, dass sich ein einheimischer Kaufmann namens Biber auf diese Weise bei der keltischen Bärengöttin Artio bedankte, weil er von einem Bären angefallen wurde und ihn überwältigen konnte.

Dort, wo sich Herr Biber verewigt hat, sind auch die so genannten **Schweineställe** zu finden: eine 300 Meter lange Schlucht mit zerklüfteten Felsklippen, die sich bis zu 40 Meter hoch auftürmen. Der Name ist darauf zurückzuführen, dass die Bauern hier im Mittelalter die Schweine hineintrieben, damit sie Eicheln und Bucheckern fressen konnten. Darüber hinaus wartet die Gegend noch mit

Abenteuer-
liche Fels-
schluchten
durchziehen
die Hoch-
ebene

weiteren Schluchten und Spalten auf, die sich zwischen den Felswänden hindurchschlängeln. Eine einsame Passage durch die Felswände ist beispielsweise die **Wolfsschluff**, unweit des Druidensteins. Vielleicht wurden hier früher die Wölfe hineingetrieben, denn für jedes tote Tier bekam man seinerzeit eine Prämie.

Berühmter, aber auch überlaufener, ist die **Teufelsschlucht** an der Ostseite des Plateaus bei Ernzen. Ein Pfad führt über Treppen und Stege durch die 28 Meter tiefe, düstere und sehr enge Felsspalte, deren schmalste Stelle nur einen Meter breit ist. Da dieser Ort – an dessen Grunde es im Sommer zu Temperaturunterschieden von 20 °C kommen kann – so finster wirkt, meinte man wohl, dass bei seiner Entstehung der Teufel seine Hand im Spiel gehabt haben musste. Tatsächlich aber polterte gegen Ende der letzten Eiszeit, als die klirrende Kälte nachließ und es zu tauen begann, ein riesiger Felsbrocken herunter und öffnete so das Nadelöhr.

Auf das gleiche Naturschauspiel geht auch die Geburt der zwei Kilometer entfernten **Irreler Wasserfälle** zurück. Hier lösten sich ebenfalls Steinmassen vom Rand des Plateaus, stürzten ins Tal, zerbrachen und landeten letztendlich im Flussbett der Prüm. Deswegen schießt das Wasser des sonst so geruhsam dahinfließenden Flüsschens dort auf 140 Metern tosend zwischen den Felsblöcken hindurch.

Zudem kann der Wanderer kilometerweit an steilen, spektakulären Sandsteinformationen mit Kanzeln, Klüften und Säulen entlangspazieren. Dabei fällt der Blick im-

mer wieder auf kleine Höhlen am Fuße der Felswände. Man meint fast, dass dort noch letzte Nacht die Eiszeitjäger geschlafen haben und gerade auf Mammutjagd sind.

Auch wandelt man beim Marsch durch diese Gegend auf zahlreichen verwunschenen Waldpfaden. Nicht umsonst nannte Julius Cäsar die Eifel-Ardennen-Region „arduenna silva", was so viel heißt wie waldreiches Hochland. Empfehlenswert ist beispielsweise das Fleckchen oberhalb von Bollendorf. Hier schlendert man auf weichem Boden durch eine dunkelgrüne und vor allem sehr stille Wald- und Felslandschaft. Nur das Knarren der eigenen Schuhe ist zu hören, sonst nichts, nicht einmal ein Vogel. Außerdem führt dieser Weg an einem recht bizarren Stein vorbei, der die Form einer Kapelle hat, die **Bildcheslay**: ein Felsen mit einem Kreuz und einer grottenartigen Nische, in der eine Madonna steht. Weitere moosüberwachsene Steinbrocken säumen diese Ecke des Ferschweiler Plateaus. Grund: Hier war früher ein Steinbruch.

Auf einem Teil dieser Strecke marschiert man übrigens auf dem Jakobsweg. Überhaupt hat das Christentum auf dem Ferschweiler Plateau auch so manches Kleinod aufgestellt. Dazu gehört fraglos die **Liborius-Kapelle** von 1680, die dem gleichnamigen Schutzpatron gegen Steinleiden und Koliken geweiht ist. Sie liegt hoch oben auf dem Ernzer Berg. Unterhalb befindet sich eine Felseneinsiedelei, die schon im Jahr 1596 erwähnt wurde und in der bis 1783 Einsiedler lebten. Zur Klause gehörten ein Garten und drei steinerne Räume. Noch heute sieht man dort unter anderem ein aus dem Fels gehauenes

Die Bildcheslay: In der Nische eines Felsblocks wacht die Muttergottes

Im Zauber-
wald des
Ferschweiler
Plateaus

Weihwasserbecken. Diese Adresse war sicherlich nicht
allzu komfortabel, aber der Eremit hatte immerhin einen
Panoramablick aufs Sauertal – und einen eigenen Wein-
berg.

Auch die Wallfahrtskapelle **Schankweiler Klause** ist den
Besuch wert. 1648 wurde die erste Kapelle und die erste
Eremitage auf der Schankweiler Höhe erwähnt. Johannes Seelmeyer hieß der Klausner, der ehedem darin lebte. Wohl schon damals stand in ihr ein berühmtes Gnadenbild: eine aus Holz geschnitzte Figur, die auf ein Original von Lucas Cranach zurückgeht. Die jetzige barocke Kirche wurde 1762 errichtet. An der rechten Wand

unterhalb des zweiten Fensters kann man eine sagenumwobene Madonna mit schwarzen Händen und Füßen bestaunen, die so genannte „Not-Marie". Die Legende berichtet, dass die rund 225 Jahre alte Figur über Nacht
schwarz wurde, als die Pest die Gegend heimsuchte. Bis
heute pilgern jährlich über 10000 Gläubige zur „Mutter
vom guten Rat". Ein Umstand hat sich allerdings geän-
dert: Heute lebt hier eine Eremitin.

Noch mehr barocke Architektur darf beim **Schloss Weilerbach** bewundert werden. Das elegante Gebäude wurde in den Jahren 1777–1780 errichtet. Bauherr war Em-
manuel Limpach, der letzte Abt von Echternach. Das
Schloss selbst ist zwar nicht zugänglich, aber auf dem
Gelände und im Schlosspark kann man herrlich lustwan-
deln.

Romantisch geht es dann bei Ernzen weiter: Dort wartet
der **Felsenweiher** auf Besucher: ein künstlicher Teich, an
drei Seiten von Felsen eingefasst und von Lianen und
Efeu umrankt. Ein schmaler Steg direkt über dem Wasser führt um ihn herum. Das landschaftliche Unikum wurde Mitte des 19. Jahrhunderts auf Anregung des Pfarrers
Philipp Meyer im Stil der damaligen Romantik angelegt.

Auch die jüngste Geschichte hat ihre Spuren auf dem
Ferschweiler Plateau hin-
terlassen. Einen Kilome-
ter südöstlich des Frau-
billenkreuzes sind zum
Beispiel noch die Reste
einer Startbahn zu sehen,
auf der 1940 deutsche
Flieger zum Angriff auf
die Nachbarländer abho-
ben. Am Wegesrand kann
man hie und da immer

Versteckt tief
in der Eifel:
Schloss
Weilerbach

noch die Reste von Schützenlöchern, Laufgräben oder Geschützstellungen erkennen und zwischendurch liegt auch immer wieder ein Bruchstück vom Westwall. Auch der wuchtige Opferaltar wurde im Zweiten Weltkrieg von seinem Steinsockel geschossen, später aber wieder an seinen Platz zurückbefördert.

Anfahrt:

A 1 Richtung Trier/Bitburg bis Abfahrt Blankenheim. Auf die B 51 abfahren bis Prüm. In Prüm auf die A 60 bis Abfahrt Bitburg. Nach einigen Kilometern auf der B 51 rechts ab auf die B 50 Richtung Vianden. Nach 8 km in Oberweis links Richtung Irrel. Über Bettingen, Wettlingen, Pefflingen nach Holsthum. In Holsthum rechts dem Wegweiser „Ferschweiler/Schankweiler Klause" folgen. Nun fährt man auf einer schmalen Straße das Ferschweiler Plateau hinauf. Nach ca. 4 km rechts abbiegen zum Parkplatz „Schankweiler Klause".

Auskunft:

• Tourist-Information Bollendorf, An der Brücke, 54669 Bollendof, Tel. 06526/930 33
• Fremdenverkehrsamt der Verbandsgemeinde Irrel, Auf Omesen 2, 54666 Irrel, Tel. 06525/791 15
• Naturerkundungsstation Teufelsschlucht, Ferschweilerstraße, 54668 Ernzen, Tel. 06525/93 39 30, **www.teufelsschlucht.de**, tägl. 11-18 Uhr (Ostern bis Mitte November), im Winter So 11-17 Uhr sowie auf Anfrage. Eintritt kostenlos

Einkehren:

Gaststätte Ernzerhof, 54668 Ernzen, Tel. 06525/245, von Ostern bis einschließlich Oktober tägl. geöffnet ab 10 Uhr, ansonsten wetterabhängig

Übernachtung:

• Schlichte, aber preiswerte Gästezimmer vermietet Annelie Ziwes, Rohrbacher Str. 3, 54675 Nusbaumerhöhe, Tel. 06522/826 (direkt am Jakobsweg gelegen)
• Die Naturerkundungsstation (s.o.) bietet Übernachtungsmöglichkeiten u.a. in einem renovierten Bauernhaus sowie in einem Camp mit 6 Blockhütten an.

Karte:

Wanderkarte Nr. 28 des Eifelvereins, „Naturpark Südeifel. Irrel, Echternach", 1:25.000, **www.eifelverein.de**

Drei Touren-Vorschläge

1. **Romantik-Tour:** Ausgangspunkt Ernzen, Felsenweiher, Teufelsschlucht und Irreler Wasserfälle.
2. **Mystik-Tour:** Ausgangspunkt Schankweiler Klause, Wikingerburg, Fraubillenkreuz, Druidenstein, Wolfsschluff, Bildcheslay, Teufelsloch, Opferaltar, Dianadenkmal und Schloss Weilerbach (Achtung: Diese Tour ist sehr lang. Man sollte daher mit zwei Autos fahren und eins zuvor am Schloss Weilerbach abstellen).
3. **Sandstein-Tour:** Ferschweiler, Richtung Bollendorf über Schlösserlay, Schweineställe, Schloss Weilerbach, Falkenlay, Vogtsgrotte, am Gutenbach entlang, Richtung Ernzen, am Felsenweiher vorbei. Am Ortsausgang von Ernzen zum Intarabus-Weihealtar – quer durch die Felder zurück nach Ferschweiler.

10

Von grauen Kolossen und Geisterdörfern

Streifzüge durch den Nationalpark Eifel

Es gibt viele Gründe für einen Ausflug in die Eifel –
man kann die Landschaft genießen, dem Trubel der Stadt
entrinnen oder ein paar ganz besondere Orte aufsuchen.
Dazu gehören in gewissem Sinne auch die ehemalige
„NS-Ordensburg" Vogelsang und das Dorf Wollseifen,
dessen einstige Bewohner bei der Errichtung des Truppenübungsplatzes vertrieben wurden. Zugegeben: keine
klassischen Orte der Muße, aber ein Rundgang, der
nachdenklich stimmt …

Rundwanderung über den ehemaligen Truppenübungsplatz

Länge: etwa 12 km, Gehzeit: 4 bis 5 Stunden,
Schwierigkeitsgrad: einfach bis mittel

Das verlassene Dorf Wollseifen liegt jetzt im Nationalpark

An der Zufahrt nach Vogelsang steht ein Wachhäuschen. Gleich dahinter beginnt eine lang gezogene Asphaltstraße, die erst mal ins Nirgendwo zu führen scheint. Ein graues, vierspuriges Band aus Asphalt, gesäumt von dunklen Bäumen, die mit jedem Meter dichter zusammenrücken. Dann taucht, wie aus dem Nichts, ein übergroßes Tor auf, das hier, mitten in diesem abgelegenen Teil der Eifel, seltsam überdimensional wirkt.

Seit dem 1. Januar 2006 darf „die Burg", wie sie von den Einheimischen genannt wird, betreten werden. Einfach so. Die Schilder, die früher Besuchern mit Aufschriften wie „Militärisches Sperrgebiet! Kein Zugang für Zivilisten!" den Zugang verwehrten, sind abmontiert. Doch die Vergangenheit verfolgt einen auf Schritt und Tritt. Der Weg führt über alte Panzerstraßen. Man kommt am früheren Panzerwaschplatz vorbei und einem offenbar in den Berg gesprengten Loch. Dort steht ein „Cinema", das einem Film aus den fünfziger Jahren entsprungen sein könnte. Vor dem Kino soll sich übrigens vor noch

gar nicht langer Zeit so manches Rotwild-Rudel herum-
getrieben haben.

Dann geht's weiter, zur Burgschänke, die sich an den Bergrücken schmiegt. Vor dem Auge eröffnet sich ein atem-
beraubendes Panorama auf den Kermeter Hochwald und
den Urftsee. Eine Einstellung, die ebenfalls unwillkürlich an alte Heimatfilme erinnert. Wer durch die Fenster
der Schänke linst, meint, dass die Zeit an diesem Ort stehen geblieben ist. Der Blick fällt auf massive Tische und
dunkle Holzdecken. Neben dem Speisesaal dämmern die
Kegel der alten Kegelbahn vor sich hin.

Über mehrere Treppen gelangt man zur Wandelhalle und
zum Hauptgebäude der ehemaligen „**Ordensburg**", dem
Adlerhof, wo ein zertrümmerter König der Lüfte auf einem Sockel steht. Hier, im Osttrakt, befindet sich auch das
so genannte Forum, in dem der Besucher mit Informationen über die Vergangenheit von Vogelsang versorgt wird.
Der dahinterliegende Hangrundgang führt am fünf Meter hohen Relief eines Fackelträgers vorbei. Der Platz davor war der „Sonnenwendplatz". Hier steht noch der Stein,
der damals die Feuerschale trug. Auf ihm ist nach wie vor
zu lesen: „Ihr seid die Fackelträger der Nation. Ihr tragt
das Licht des Geistes voran." Der Name des Zitatgebers
„Adolf Hitler" wurde allerdings entfernt, indem man einen neuen Stein einsetzte. Hier befinden sich auch die

Sportanlagen, zu denen ein Hallenbad und eine Turn-
halle gehören.

Tatsächlich ist auf dem 100 Hektar großen Areal noch
einiges ziemlich original erhalten geblieben. Eine bizarre
Monstrosität aus grauen Steinen, die Geschichte leben-
dig macht. Man steht davor und kann den Größenwahn
nicht nur sehen, sondern auch spüren. Und dabei wurde
nicht einmal die Hälfte der architektonischen Pläne umge-
setzt.

1934 rückten die Arbeiter an, um in dieser abgelegenen
Gegend das gigantische Bauwerk hochzuziehen. Bauherr
war Robert Ley, dem die „Deutsche Arbeitsfront" unter-
stand. Als Architekt wurde – nomen est omen – der Kölner Clemens Klotz beauftragt. Dieser hatte auch bei der
Errichtung von Prora, der riesigen „Kraft-durch-Freude"-Ferienanlage auf Rügen, die Federführung inne. Für
36 Millionen Reichsmark entstand mit Vogelsang eine
von drei „Ordensburgen", in denen die künftige Elite der

Die imposante
Landschafts-
kulisse von
Urftsee und
Kermeter

Der Weg nach Wollseifen führt an den Hundertschaftshäusern vorbei

NSDAP körperlich und geistig auf Parteilinie gebracht werden sollte. Die beiden anderen Kaderschmieden waren Crössinsee in Pommern und Sonthofen im Allgäu. In jeder der Schulen sollten die auserwählten Schüler ein Jahr verbringen. In Crössinsee stand die charakterliche Erziehung im Mittelpunkt, Sonthofen schulte den Parteinachwuchs in punkto Verwaltung, Politik, Diplomatie und Militär. In Vogelsang stand vor allem die „NS-Rassenkunde" auf dem Stundenplan.

1936 kamen die ersten 500 Junker, wie die Lehrgangsteilnehmer in falscher Anlehnung an den mittelalterlichen Deutschen Ritterorden genannt wurden, junge Männer im Alter von 24 bis 30 Jahren. Auch Politprominenz zog es nun öfter in die ferne Eifel. „Die Erinnerung an den 20. November 1936 aber, der Tag, an dem unser Führer zum ersten Mal in unserer Heimat weilte, wird in den Herzen unserer Bevölkerung für immer erhalten bleiben", schrieb das Euskirchener Volksblatt am 21. November 1936 ...

Allerdings wurden insgesamt nicht viele NS-Zöglinge hier gedrillt. Mit Beginn des Krieges verschlang die Front bald den potenziellen Nachwuchs. Auch die größten Bauten haben das Reißbrett nicht mehr verlassen. So wurden vom so genannten „Haus des Wissens", das nebst „Ehrenhalle" für die 1923 getöteten Münchener Putschisten Bibliothek, Hörsaal und Seminarräume umfassen sollte, nur noch die Grundmauern errichtet. Der 100 Meter hohe „Turm der Weisheit", der bis ins 70 Kilometer entfernte Köln sichtbar sein sollte, blieb ebenfalls eine fixe Idee. Auch die größten Sportanlagen Europas und ein „Kraft-durch-Freude"-Hotel mit 2000 Betten kamen über den Entwurf nicht hinaus.

Während des Krieges diente der Komplex unter anderem als Truppenquartier sowie als Standort für „Adolf-Hitler-Schulen", eine Art Vorschule zur „Ordensburg" für 12- bis 18-jährige Jungen. Im Dezember 1944 fielen die Bomben. Allerdings griffen die Alliierten damals vor allem die Urft-Staumauer an, die dem Bombardement jedoch standhielt. Der Februar 1945 läutete das Ende ein. Fast kampflos wurde die Ordensburg von den Amerikanern eingenommen. Der letzte Vorhang der „Götterdämmerung am Urftsee" war gefallen.

Nach der „Stunde Null" zogen die Briten ein und errichteten einen Truppenübungsplatz. Am 1. April 1950 übernahm dann das belgische Militär das Zepter für die nächsten 55 Jahre. Mit dem Abzug der alliierten Streitkräfte aus Deutschland kam das Erbe der Vergangenheit an Deutschland zurück – und der 43 Quadratkilometer gro-

Architektonischer Größenwahn: Wohn- und Schlafstätten der NS-Schüler

ße Truppenübungsplatz wurde in den 2004 gegründeten Nationalpark Eifel integriert. Seit der Öffnung der Schranken von Camp Vogelsang, wie das Gelände bis Ende 2005 genannt wurde, kann man auf eigene Faust den bis dato „weißen Fleck" auf der Landkarte erkunden. Zum Areal gehört auch ein Geisterdorf: die Wüstung Wollseifen.

Um dorthin zu kommen, gehen wir den Hang hinunter, wo sich die lang gestreckten Kameradschafts- und Hundertschaftshäuser übereinander stapeln. Im Tal wird die geteerte Straße verlassen und wir biegen in einen Waldweg ein, der mit Holzpfählen markiert ist. Vorsicht: Bei Streifzügen durch das ehemalige und gerade erst geräumte Truppenübungsgelände sollte man sich tunlichst auf den markierten Wegen halten. Wer abkommt, begibt sich in Lebensgefahr! Links und rechts der Wege kann immer noch Munition herumliegen.

Nach einer knappen Stunde mit zuletzt recht steil ansteigendem Fußmarsch tauchen die ersten Häuserruinen auf. Sie sind das, was vom **„Dorf Vogelsang"** übrig geblieben ist. Dieses war als beispielhafte NS-Mustersiedlung geplant, in der die Vogelsang-Mitarbeiter wohnen sollten – immer mit Blick auf die Ordensburg, die auf dem gegenüberliegenden Höhenrücken aufsteigt. Das Bauvorhaben blieb jedoch bei einer Handvoll Häuser im Rohbau stecken.

Die folgenden Meter führen durch eine einsame Landschaft, die verloren wirkt. Es ist fast so, als bringe jeder
Schritt den Wanderer weiter in die Zeit zurück, als wäre
der Krieg erst ein paar Stunden vorbei. Weitere Mauer-
stücke tauchen auf. Sie gehören zum früheren Eifeldorf
Wollseifen. Auch auf diese Ortschaft waren die Bomben
niedergegangen. Doch die Langzeitfolgen des Krieges
ereilten die Dorfbevölkerung erst während des Friedens:
Im August 1946, gerade als man die erste Ernte einfuhr,
verkündete die britische Besatzung, dass Wollseifen in
Kürze wieder in der Schusslinie liegen würde. Mit der
Errichtung des Truppenübungsplatzes zum 1. September
befand sich das Dorf auf einmal mitten in der militä-
rischen Sperrzone. So wurden die Wollseifener zu den
einzigen West-Vertriebenen des Zweiten Weltkrieges.
Den Bewohnern blieben gerade mal drei Wochen Zeit,
um ihre Habseligkeiten zu packen und sich ein neues
Zuhause zu suchen. Die meisten Familien zogen allerdings nicht weit weg, da sie glaubten, sie könnten bald
wieder zurückkehren. Doch dem war nicht so.
Innerhalb weniger Jahre wurden die Häuser durch Schieß-
übungen zerstört. Aus dem Dorf Wollseifen, in dem ein-

Die Natur
hat sich das
zerschossene
Gebiet zurück-
erobert

Das Eifeldorf Wollseifen diente lange als Übungsplatz für den Häuserkampf

mal 550 Menschen gelebt hatten, war die Wüstung Wollseifen geworden. Nur zu Allerheiligen durften die einstigen Bewohner zurückkehren, um die Gräber auf dem Friedhof zu besuchen. Ab Mitte der fünfziger Jahre war dann selbst das vorbei. Da die Truppenübungen auch dem Friedhof immer mehr zusetzten, wurden die sterblichen Überreste von 155 Toten auf die Friedhöfe der Nachbardörfer umgebettet. Jahrzehntelang konnte man das Dorf nur noch aus der Ferne sehen, von der Landstraße aus. Geblieben sind vom alten Ort nur ein Teil der Schule, ein Trafohäuschen und die Außenmauern der Kirche St. Rochus. In der ersten Zeit nach der Öffnung baumelte im Kirchenschiff noch ein Seil von der Decke. Auf den ersten Blick dachte man, es sei das Glockenseil. Doch in Wirklichkeit diente es den Soldaten für Kletterübungen. Gleich hinter der Kirche reihen sich ein paar unverputzte, quadratische Häuserkästen aneinander, die später errichtet wurden. Seit den achtziger Jahren übten Nato-Truppen in ihnen den Häuser- und Straßenkampf und bereiteten sich unter anderem auf den Kosovo-Einsatz vor. Wir lassen Wollseifen hinter uns und marschieren weiter auf dem Rücken der kahlen **Dreiborner Hochfläche**. Der Wind zerrt an den Haaren. Vor uns liegen ausgedehnte offene Flächen, ringsherum knarrt der Wald. Und erst jetzt bekommt man überhaupt das Gefühl, das man sich in einem Nationalpark befindet, der eigentlich voller Na-

Karg und doch reizvoll: die Dreiborner Hochfläche

tur ist. Mit Sicherheit wird es nun auch nicht lange dauern, bis man auf einen „Ranger" trifft. So werden die Eifeler Forstwirte genannt, die den Park durchstreifen und Führungen anbieten.

Gut eine Viertelstunde, nachdem wir Wollseifen verlassen haben, folgen wir dem Wegweiser zur Sauermühle. Es geht an Ginsterbüschen vorbei, dem so genannten Eifelgold, dessen Blüten im Frühjahr gelb auflodern. Dann marschieren wir auf einem schmalen, romantischen Pfad bergab durch ein Eichenwäldchen. Unten angekommen, überqueren wir die Landstraße. Wer nicht mehr weiter gehen will, wartet an der Bushaltestelle auf die Linie 63, die nach Vogelsang fährt. Nimmermüde marschieren auf der kleinen Brücke über den Sauerbach und wandern unweit der B 266 weiter durch Fichtenwald ein lauschiges Bachtal entlang. Das letzte Stück führt wieder über eine Hochfläche. Man kommt am ehemaligen „Matratzenlager" des Truppenübungsplatzes vorbei – und am Wachhäuschen wieder hinaus.

Abstecher nach Wolfgarten

Wer mag, unternimmt noch einen Abstecher nach Wolfgarten. Dort gibt es einen Aussichtsturm, den so genannten Feuerwehrturm, der einen großartigen Panoramablick auf die gesamte Umgebung bietet. Unweit von ihm, an der Straße nach Heimbach, befindet sich außerdem die **Abtei Mariawald**, ein Ort der Stille und der Kontemplation. Dieses einzige männliche Trappistenkloster in Deutschland blickt auf eine lange Geschichte zurück: Die Abtei entstand um 1475 als Wallfahrtsort. Damals kaufte der Heimbacher Strohdachdecker Heinrich Fluitter eine Pietà und stellte sie im Wald zur Verehrung auf. Fünf Jahre später wurde das Kloster gegründet – und zwar von den Zisterziensern aus Bottenbroich. Bis zum Ende des 18. Jahrhunderts, als die Anlage von den Franzosen aufgehoben wurde, strömten zahlreiche Pilger hierher. 1860 gründeten dann die Trappisten das Kloster neu. Die stille Kirche lädt zum nachdenklichen Ausklang unseres Ausflugs in die Vergangenheit ein.

Anfahrt:

A1 Richtung Euskirchen/Trier bis Abfahrt Euskirchen-Wißkirchen, dann auf der
B 266 bis Herhahn. Ab hier ist Vogelsang ausgeschildert.
Mit Bahn und Bus: Vom Bahnhof Kall und Gemünd Kirche pendelt der National-
parkshuttle „SB 82" an den Wochenenden stündlich nach Vogelsang (unter der
Woche unregelmäßige Fahrzeiten).

Auskunft:

Serviceagentur Vogelsang, Forum Vogelsang, 53937 Schleiden,
Tel. 02444/91 57 90, **www.vogelsang-ip.de**
Kosten: Parkgebühr 3 Euro pro PKW.
Das Gelände ist täglich geöffnet von 8-20 Uhr, Forum 10-17 Uhr.

Hinweise:

- Mehr Informationen über die Geschichte Vogelsangs bieten folgende Bücher:
Heinen, F. A.: Vogelsang – Im Herzen des Nationalparks Eifel. Gaasterland-Verlag
2006, 4,95 Euro und Ders.: Vogelsang. Von der NS-Ordensburg zum
Truppenübungsplatz: Eine Dokumentation. 3., erweiterte u. aktualisierte Auflage,
Helios, Aachen 2005, 34,00 Euro
- Weitere Tipps zu Wanderstrecken im Nationalpark bieten die Bücher:
Pfeifer, M. u.a.: Kurze Wanderungen im Nationalpark Eifel. 12 leichte Touren
zwischen 2 und 7 Kilometern. Bachem Verlag 2006, 12,95 Euro und Dies.:
Wanderungen im Nationalpark Eifel. 10 Touren zwischen 5 und 18 Kilometern.
Bachem Verlag 2007, 12,95 Euro
- Jeden Sonntag um 13 Uhr finden kostenlose dreistündige Führungen über die Drei-
borner Hochfläche statt. Treffpunkt ist der Adlerhof in Vogelsang. Von hier aus geht
es entlang des Neffgesbachs mit Rangern zur Wüstung Wollseifen. Anmeldung ist
nicht erforderlich.
- Abtei Mariawald, Mariawalder Straße, 52396 Heimbach, Tel. 02446/95 06-0,
www.abtei-mariawald.de

Einkehren:

Klostergaststätte Mariawald (Adresse s. Abtei), Tel. 02446-95 06 16,
geöffnet Mo-So 10-18 Uhr (im Winter bis 17 Uhr). Beliebt ist z. B. die „Mariawalder Erbsensuppe", die nach einem alten Mönchsrezept seit etwa 50 Jahren vor
Ort hergestellt und angeboten wird – genau das Richtige nach einem langen Marsch!

Karten:

Es gibt ein Faltblatt mit den Wanderwegen über die Dreiborner Hochfläche. Man
bekommt es kostenlos im Forum Vogelsang, es liegt aber auch an den vielen
Infostellen, den so genannten Nationalparktoren, die über die Region verstreut
sind. Die offizielle Wanderkarte „Nationalpark Eifel" ist im Buchhandel erhältlich.
Die freigegebenen Wege sind mit Holzpfählen markiert.

11

Ein Park wie ein Gedicht

Schlosspark Türnich und Marienfeld

Steht Ihnen der Sinn nach einem Ausflug in einen gar wundersamen Park? Dann sollten Sie einmal durchs Tor des Schlossparks Türnich schreiten, wo der Duft der Lindenblüten durch die Lüfte weht. Es erwartet Sie ein altes Schloss, eine verwunschene Allee und jede Menge Natur, die vor Lebenskraft nur so strahlt. Doch das war nicht immer so. Jahrzehntelang kränkelte der Park – bis ein Künstler kam und die Erde akupunktierte. Und wenn man schon mal in der Gegend ist, kann man noch einen Abstecher zum Marienfeld unternehmen und den Papsthügel erklimmen.

Spaziergang durch den Schlosspark Türnich

Gleich hinter dem Parktor wohnt das pralle Leben: Zwischen den Wasserlinsen am Teich wimmelt es von Fröschen und Kröten, am Ufer schnorcheln Wasserskorpione und auf dem Grund ziehen Schnecken ihre langsamen Runden. Geht man nun geradeaus, kommt man direkt zu einer Lindenallee, die zu den schönsten Deutschlands gehört: die **Lindenkathedrale** von Türnich.

Auf einer Strecke von 280 Metern reihen sich 110 Winterlinden und 1 Sommerlinde aneinander. Ein Naturdom aus schlanken, gerade gewachsenen Bäu-

Wo heute die Frösche quaken, stand früher eine Blumenuhr

men, deren Kronen in einer Höhe von 30 Metern miteinander verflochten sind. Gepflanzt wurden sie in der zweiten Hälfte des 19. Jahrhunderts. Wer unter diesem gewölbten Blätterdach steht, den überfällt unwillkürlich ein Zauber – und das hat seinen Grund: In der Allee, die zum anderen Parktor führt, sollen energetische Kraftlinien verlaufen, deren Struktur einer gotischen Kathedrale entspricht. Am nordwestlichen Ende kann man außerdem ein Baptisterium aus Linden entdecken. Und am Anfang der Lindenkathedrale befand sich früher auch mal ein „doll jaade", wie das rheinische Wort für Irrgarten lautet. Ursprünglich wurden diese Labyrinthe im Mittelalter als Bodenornamente in gotischen Kathedralen in Frankreich angelegt. Die berühmtesten Beispiele sind die Labyrinthe von Chartres, Amiens und St. Quentin. Sie symbolisieren den Lebensweg als Suche. Nur durch viele Irrwege und Kehren findet man zu Gott oder zu sich selbst – je nach Interpretation. In Schlossgärten wie Türnich diente

Magischer
Naturdom:
die Linden-
allee von
Türnich

der Irrgarten aber auch als neckische Spielerei. In ihn
schickte man schon mal Gäste hinein, die man für eine
Weile loswerden wollte …

Die Geschichte des Parks reicht bis ins Ende des 18. Jahrhunderts zurück. Bereits damals gab es hier einen Landschaftspark, der ungefähr ein Viertel der heutigen Fläche
bedeckte. Und schon dieser soll so reizvoll gewesen sein,
dass er dem Grafen Wolff-Metternich als Vorbild für den
Bau seines eigenen Parks auf Schloss Gracht (in Erft-
stadt-Liblar) anempfohlen wurde. Aus jener Zeit stammt

auch der barocke Gemüse- und Ziergarten, der so genannte **Französische Garten**. Er ist heute noch zur Hälfte erhalten und befindet sich auf der Nordwest-Seite des Schlosses, jenseits der Teiche.

1873 wurde dann das große Parkprojekt in Angriff genommen. Vermutlich war es der kaiserlich-russische Hofgärtner Friedrich Schulz, der die Anlage in ein kleines Paradies verwandelte. Zu jener Zeit war der feine englische Landschaftspark en vogue. Tatsächlich stand die Gartenkunst zu jener Zeit auf gleicher Stufe wie die Malerei oder die Poesie. Man erschuf botanische Kunstwerke, harmonisch komponierte Landschaftsbilder mit Tiefenwirkung, Wechselspiele von Licht und Schatten. Nichts wurde dem Zufall überlassen. Verschlungene Wege führten durch kleine Wäldchen. Man kam an stillen Winkeln vorbei und an Teichen, welche die Seele tränkten. Dann durfte der Blick wieder frei schweifen – über Lichtungen und sanft geschwungene Wiesen. Wie viel den Menschen seinerzeit die Freiluftgalerien wert waren, zeigen auch die Aufwendungen, die zu ihrer Unterhaltung aufgebracht wurden: Um 1900 waren 14 Leute für die Pflege des Schlossparks Türnich angestellt.

Von den Wegen aus fällt der Blick durch wild wachsende Zweige auf ein altes **Schloss**. In seiner heutigen Form entstand es im Auftrag des Freiherrn Carl Ludwig von Rolshausen. Mitte des 18. Jahrhunderts ließ er das alte Haus Türnich, eine Wasserburg, abreißen – und durch eine lichtdurchflutete „Maison de Plaisance" ersetzen, eine französische Architekturspezialität des Rokoko. Als

Viele Meistergärtner hinterließen ihre Spuren im Schlosspark

Vorlage diente das Brühler Jagdschloss Falkenlust, das erste Lustschloss im rheinischen Raum.

Fast noch mehr Charme als das verwitterte Herrenhaus besitzt die kleine **Kapelle**. Das einmalige Kleinod, das nur 6 mal 15 Meter misst, wurde 1895 unter der Federführung des Kölner Architekten Heinrich Krings errichtet. Das Kirchlein beeindruckt durch eine großartige Ausstattung, die im Rheinland ihresgleichen sucht: Schon die Tür ist reich verziert, der Altar besteht aus weißem Carrara-Marmor, bei der Gestaltung von Wänden und Boden wurden über fünfzig verschiedene Marmorarten verwendet, über dem Altar schweben wunderschöne Engel, es gibt ein prachtvolles Glasfenster (die fehlenden Fenster werden momentan restauriert), und an der Wand hängen Leuchter, die aus der Werkstatt des Kölner Hofgoldschmieds Gabriel Hermeling stammen. Der Blickfang ist jedoch unzweifelhaft das herrliche Gemälde des Christus Pantokrator von Franz Guillery in der Kalotte der Apsis. Einen wunderbaren Kontrast dazu bildet das Mosaik auf dem Boden. Es zeigt die Tierkreiszeichen, die um die Sonne kreisen, sowie die vier Jahreszeiten und die vier Lebensstufen des Menschen.

Was passierte aber mit der einst so prächtigen Anlage? Bis zum Zweiten Weltkrieg war noch alles in bester Ordnung. Von 1940 bis 1945 lagerte jedoch Militär im Park. Während der Vorbereitungen zur Ardennen-Offensive hielten sich dort sogar 120 gepanzerte Fahrzeuge auf. Und gegen Ende des Krieges fielen dann Bomben und Granaten auf die Bäume, die Kapelle und das Schloss. Die Gebäude wurden zunächst notdürftig instandgesetzt. Doch mit der Zeit ergab sich ein noch viel größeres Problem: Ab Mitte der fünfziger Jahre wurde der Grundwasserspiegel durch den Braunkohlebergbau um 230 Meter abgesenkt. Das führte bei den alten Baumriesen zu einem Schock, der viele von ihnen absterben ließ. Auch im Schloss nahmen die Schäden so gravierende Ausmaße an, dass sich die gräfliche Familie 1978 gezwungen sah, ihren Wohnsitz zu räumen. Das Gebäude verfiel und der Park verwilderte. Zurück blieb eine verlorene Landschaft.

Doch die Zeit heilt so manche Wunden. Vor allem, wenn man ihr dabei hilft. 1981 tauchte ein verschwundener Plan des Parks wieder auf, der den einst so bedeutenden Garten aus seinem Dornröschenschlaf weckte. Ab 1982 wurde der Schlosspark restauriert, wobei auch ungewöhnliche Methoden zum Einsatz kamen. Der heutige

Mit Steinen wurde die Erde des Schlossparks „akupunktiert"

Besitzer des Schlosses, Graf Godehard von und zu Hoens- broech, beauftragte neben modernen Landschaftsarchitek- ten und Gehölzkundlern auch den slowenischen Künst- ler und Geomanten Marko Pogacnik. Dieser akupunk- tierte die Erde des Parks: An energetisch wichtigen Stel- len setzte er **große Steine**, die ähnliche Wirkung wie Aku- punkturnadeln entfalten. Dadurch wurde das alte Kraft- feld wieder hergestellt. Doch auch das besondere Enga- gement der gräflichen Familie von Hoensbroech sorgte für die Heilung des Schlossparks. Denn Graf Godehard und seiner Gattin Marie-Thérèse liegt der Erhalt der Schöpfung am Herzen. Deswegen bauten sie unter ande- rem einen biologisch-dynamischen Obstbetrieb hinter dem Schlosspark auf und gründeten eine homöopathische Arzneimittelfirma.

Inzwischen ist der Park unzweifelhaft ein Biotop, in dem sich die Natur sichtlich wohl fühlt. Hier gedeihen etliche Pflanzen und Tiere, die vom Aussterben bedroht sind. Selbst alte, kränkelnde Bäume haben sich regeneriert. Mittlerweile wachsen auf dem Gelände 630 Pilzarten sowie 250 Wildkräuter-, Stauden- und Gräsersorten. Übers Jahr verteilt kann man 80 verschiedene Vogelarten erleben. Außerdem schwirren 20 verschiedene Libellensorten herum, in der Dämmerung schwärmen die Fledermäuse aus, und im Wassergraben lebt eine Kolonie von Nutria-Sumpfbibern.

Auch auf die Menschen hat der Park eine harmonisierende Wirkung. Um sie zu spüren, muss man sich nur an den Rat des Grafen von Hoensbroech halten: „Der Besucher darf nicht durch den Park eilen oder hetzen, sondern er sollte wandeln und die zahlreichen, im Laufe der Jahreszeiten wechselnden Stimmungsbilder auf sich wirken lassen. Dann ergibt sich die Erholung des Gemüts von ganz allein."

Spaziergang über das Marienfeld

Länge: knapp 4 km, Gehzeit: vom Aussichtspunkt zum Papsthügel und zurück 1,5 Stunden,
Schwierigkeitsgrad: einfach

Man sieht es ihm nicht an, aber das Marienfeld hat eine abwechslungsreiche Geschichte hinter sich: Es begann als Acker, wurde Kloster und Wallfahrtsort. Dann kamen die Löffelbagger und gruben 250 Meter tief. Das Loch wurde wieder gefüllt und kurze Zeit später schritt der Papst über das Marienfeld. Und heute? Ist es wieder ein Acker, der aber einen Hügel bekommen hat – und auf dem soll künftig eine Freiluftkirche entstehen.

Vom Aussichtspunkt **Tagebau Frechen** fällt der Blick auf eine weite Fläche: Ackerland, Baumgrüppchen und in der Ferne ein großes Kreuz und ein Hügel. Wer die Ebene heute besucht, kann sich kaum vorstellen, dass sich genau hier noch vor kurzem Hunderttausende von Jugendlichen versammelt hatten. Sie kamen aus aller Herren Länder, um gemeinsam mit Papst Benedikt XVI. am 20. August 2005 den Abendgottesdienst, die so genannte

Vigil, zu feiern. Viele von ihnen übernachteten anschließend im Schlafsack auf der Wiese unter freiem Himmel. Denn am nächsten Morgen fand die Abschlussmesse des XX. Weltjugendtages statt.

Nur wenige Monate zuvor war die Entscheidung auf das Marienfeld als Stätte für die Großveranstaltung gefallen. Erst im September 2004 hatte Prälat Dr. Heiner Koch verkündet: „Habemus aream – wir haben einen Platz". Dann rollten die Bagger auf den Acker und der **Papsthügel** wurde errichtet. Dessen Fundament setzt sich übrigens aus der ganzen Welt zusammen. Bei der Bischofskonferenz im Januar 2005 brachten Christen aus 70 Ländern im Gepäck ein ganz besonderes Geschenk aus ihrer Heimat mit: rote Erde, weißer Sand, schwarzer Humus – aus Australien, Brasilien, Burundi, Venezuela und vielen anderen Nationen. Bei Wind und Regen wurde dieses spezielle Mitbringsel an der Stelle verstreut, wo der Papsthügel entstand.

Gedenkkreuze erinnern daran, dass sich auf dem Gelände des Marienfelds einst Dörfer befanden

Weitere 80000 Kubikmeter Erde mussten aufgeschüttet werden, bis die zehn Meter hohe Anhöhe fertig war. Kreuz und Altar wurden errichtet, darüber die „Papstwolke", die den heiligen Vater vor Witterungseinflüssen schützen sollte. Beides hat Symbolcharakter: Auf dem Berg Sinai empfing Moses die zehn Gebote, in der Bibel spricht Gott aus einer Wolke zu den Menschen. Erst im Zuge der Vorbereitungen erhielt der Acker übrigens den Namen „Marienfeld". Dieser erinnert daran, dass das Feld früher einmal eine heilige Stätte, ein Marienwallfahrtsort war. Doch das ist sehr, sehr lange her ...

Vor rund 800 Jahren, genauer gesagt seit 1231, stand auf diesem Gelände das Zisterzienserinnenkloster Bottenbroich. Es wurde Mitte des 15. Jahrhunderts in einen Männerorden umgewandelt und 1777 dann aufgelöst. Die Klosterkirche aber blieb bestehen, als Pfarrkirche. Sie beherbergte ein Kleinod: die „schönste Pietà der Rheinischen Lande" – und eine wundertätige obendrein. Die gotische Skulptur wurde um 1425 von einem unbekannten Meister aus weichem französischem Kalkstein angefertigt und gelangte rund 300 Jahre später in die Klosterkirche. Es dauerte nicht lange, bis das **Gnadenbild zur schmerzhaften Muttergottes** durch wundersame Heilungen von sich reden machte. So wurde das unscheinbare Örtchen Bottenbroich zum bekannten Wallfahrtsort. Unzählige Scharen von Pilgern holten sich hier im Lauf der Jahrhunderte Rat. „1746 wurden 3 000 bis 5 000 Pilger an den Wallfahrtstagen gezählt, die aus vielen Orten des Rheinlandes entweder in geschlossenen Prozessionen oder einzeln zur Bottenbroicher Pfarrkirche pilgerten", schrieb 1751 der Sindorfer Pfarrer Peter Zehnpfennig.

Beim Besuch des Marienfeldes sollte man nicht vergessen, der Gottesmutter einen Besuch abzustatten. Sie befindet sich heute allerdings in der Grefrather Pfarrkirche St. Mariä Himmelfahrt. Grund: 1951 kam die Abrissbirne. Bottenbroich wurde als erster Ort umgesiedelt. Wenig später mussten auch Mödrath, Habbelrath, Grefrath und Boisdorf dem Tagebau weichen. Jahrzehntelang hat man hier Braunkohle aus einer Tiefe von 250 Metern gefördert – bis 1986 das letzte Bröckchen dem Erdreich entrissen war. Inzwischen ist das riesige Loch längst wieder vollständig aufgefüllt und die Landschaft rekultiviert. An die umgesiedelten Orte erinnern Gedenkkreuze und -steine, die an den ursprünglichen Standorten stehen. Der See wurde nach dem kleinen Ort Boisdorf benannt.

Bottenbroich – bevor die Bagger kamen

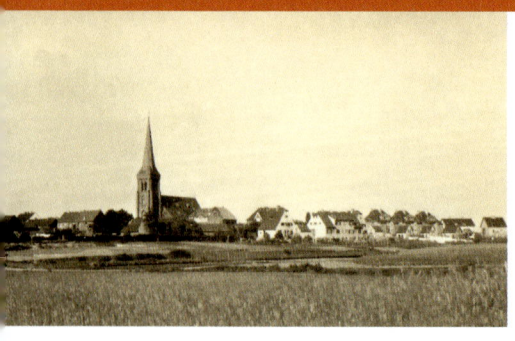

Jetzt soll das drei Quadratkilometer große Marienfeld wieder werden, was es war: ein „Ort der Stille und der Begegnung“. Angedacht ist, 12 bis 14 Laubbäume zu pflanzen. Auch diese Zahl wurde nicht zufällig gewählt: 12 steht für die Apostel, 14 für die Kreuzwegstationen. Die Blätter sollen an die Papstwolke erinnern. Darüber hinaus will man einen Monolith aufstellen, der als Altar dienen soll. Und auf den Hügel wird künftig ein Dreikönigspilgerweg führen, gesäumt von Stelen, die Inschriften aus dem Evangelium tragen.

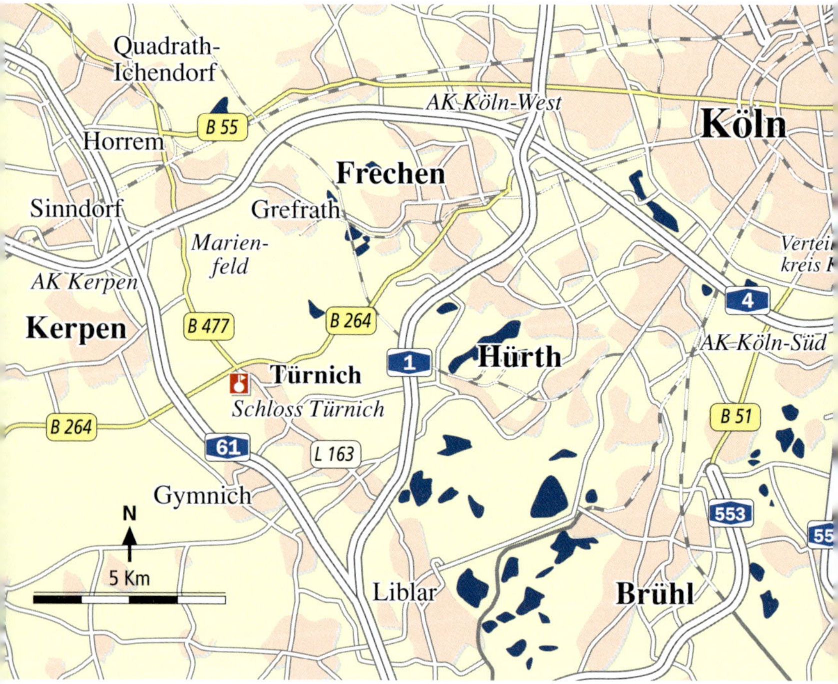

Anfahrt:

Zum Schlosspark Türnich: A 61 Ausfahrt Türnich oder A1 Ausfahrt Gleuel, nach Türnich fahren, ab Ortseingang Ausschilderung „Schloss Türnich" folgen.
Zum Marienfeld: Landstraße L 163 zwischen Türnich und Horrem, Abzweigung an der Burg Mödrath nehmen, Ausschilderung „Aussichtspunkt Tagebau Frechen" folgen.

Auskunft:

Gräflich Hoensbroech'sche Verwaltung, Schloss Türnich, 50169 Kerpen-Türnich, Tel. 02237/97 46 70, **www.schloss-tuernich.de**

Hinweise:

• Die Kapelle im Schlosspark Türnich ist am Wochenende meist geöffnet. Auf dem Gelände befindet sich außerdem ein Demeter-Obstbetrieb (Obstpark Schloss Türnich), in dem viele Sorten Kern-, Stein- und Beerenobst angebaut und im Hofladen direkt verkauft werden.
• Der „Französische Garten" ist nur im Rahmen einer Führung zugänglich. Diese finden ein- bis zweimal pro Monat statt. Dabei geht es auch durch den Park und die Schlosskapelle. Die Termine erfahren Sie im Internet unter **www.obstpark.de**
• Wer alten Pilgerpfaden zum Marienfeld folgen möchte, findet diese in folgendem Buch beschrieben: Flinspach, K. u.a.: Mitgepilgert! Köln, Kerpen, Marienfeld zu Fuß und per Rad. Bachem Verlag 2005, 5,00 Euro

Einkehren:

In den alten Pferdeställen von Schloss Türnich gibt es ein kuscheliges Hofcafé. Dort sitzt man in einem holzvertäfelten Raum vor dem Kamin. An den Wänden stapeln sich die Bücher, fast so, als wäre man in der Bibliothek des Herrenhauses. Und auch der Schokoladenkuchen ist eine Wohltat fürs Gemüt ... Öffnungszeiten Hofladen & Café: Di-So 12-18 Uhr (im Sommer auch Mo)

12

Im Reich der Nebelgestalten

Durch Urft- und Kuttenbachtal

In der Eifel gibt es viele sagenumwobene Orte. Aber es existieren nur wenige Flecken, um die sich so viele Geschichten ranken wie um die Umgebung der kleinen Gemeinde Urft. Sie erzählen von versunkenen Festungen, hartherzigen Raubrittern, mysteriösen Feen, heiligen Mönchen und spukenden Äbten. Daher braucht es für diesen Ausflug eine kleine Portion Mut – und eine gehörige Prise Abenteuergeist. Denn unsere Tour beginnt auf einem Pfad, der fast ganz zugewachsen ist…

Rundwanderung

Länge: rund 8 km, Gehzeit: knappe 4 Stunden,
Schwierigkeitsgrad: einfach bis mittel (streckenweise
steil)

Vom Parkplatz aus wandern
wir zunächst rund 200 Meter
auf der Landstraße zurück, bis
linker Hand ein Waldweg abzweigt. Nun geht es recht steil
aufwärts. Nach circa 15 Minuten (50 Meter vor der großen

Über ver-
schwiegene
Wege zur
Stolzenburg

Viehweide) biegen wir links in den Waldpfad ein. Der
Weg ist anfangs gut begehbar. Doch nach kurzer Zeit
verwandelt er sich in einen Wildpfad, der in der Nähe
des Waldrands verläuft. Wenn Schnee liegt – und das ist
in dieser Gegend von Dezember bis Februar häufig der
Fall – folgen wir am besten den Hasenspuren ... Ansonsten halten wir uns immer in Nähe des Waldrands, dann
kann nichts schief gehen. Nach rund zehn Minuten verlassen wir das Unterholz (dort, wo die große Wiese zu
Ende ist) und treffen auf den gut ausgebauten „Römer-
kanal-Wanderweg". Dieser führt von Urft hoch zu einem
wahrhaft abgeschiedenen Plätzchen: der Ruine der **Stolzenburg** (485 Meter).

Heute ragen von der einst so stolzen Stolzenburg nur noch
klägliche Überbleibsel aus dem Felsen, nicht mehr als
ein paar halbverwitterte, überwucherte Steine. Wer genau
hinsieht, kann aber noch Reste von einem Wall, einem
Graben, Keller und sogar Grundrisse von Wohnräumen
erahnen. Dass von der Burg einzig ein paar klägliche
Reste übrig blieben, liegt vielleicht an ihrem spektakulären Untergang, der so gar nichts mit dem üblichen Ende
von Burgen gemeinsam hat. Die Stolzenburg wurde we-

der belagert noch geschliffen – zumindest, wenn man der Sage glaubt …

Diese erzählt, dass der Burgherr selbst schuld am Schicksal seiner Festung gewesen sein soll. Denn der so genannte „Stolzenburger" war ein gar fürchterlicher Mann. Er raubte und plünderte, was das Zeug hielt. Außerdem soll jener „Edelmann" seine Untertanen schlecht behandelt haben – und zwar aus purer Freude an der Bosheit. Selbst das wenige, was sie noch zum Leben hatten, mussten sie abgeben und auch noch eigenhändig zur Burg hinaufschleppen. Und damit nicht genug: Die armen Bauern hatten es damals nicht nur mit einem lasterhaften Bösewicht zu tun, sondern gleich mit zwei hartherzigen Taugenichtsen. Genau gegenüber der Stolzenburg, auf dem Pielstein (470 Meter), stand eine weitere Burg, die vom „Pielsteiner" regiert wurde. Damit sich die beiden Burgherren bequemer zum Saufgelage besuchen konnten, ließen sie zwischen den beiden Felsennestern eine Brücke aus Leder errichten, die „Lederbrücke". Auf dieser, so berichtet die Legende, soll der Stolzenburger einst mit Brot gekegelt haben, während das Volk Hunger litt. Wer etwas von dem verschleuderten Brot erhaschte, wurde zu allem Übel auch noch ausgepeitscht.

Dass der Himmel diesem Treiben auf Dauer nicht zusehen mochte, ist zumindest im Reich der Sagen eine zwingende Notwendigkeit. Und so gingen die Burgen in einer schauerlichen Nacht unter. Burg Pielstein wurde komplett vom Erdboden getilgt, die Stolzenburg versank mit Mann und Maus im Abgrund, nur ein paar Mauerzacken blieben übrig. Dabei soll sie einen sagenhaften Goldschatz unter sich begraben haben. Dieser ist in einem unterirdischen Gang versteckt, der von einem großen schwarzen Hund mit rot glühenden Augen bewacht wird. Und auch die Brücke wurde in jener unseligen Nacht hinweggefegt.

So üppig sich Geschichten um die Burg ranken, so spärlich sind historische Tatsachen. Nicht einmal, wem die Stolzenburg gehört hat, weiß man heute genau. Allerdings könnte die Erzählung, wie es so oft der Fall ist, einen wahren Kern haben. Möglicherweise fielen die Burgen einem Erdbeben zum Opfer. Laut alten Überlieferungen rollte von allen Seiten ein immer stärker werdendes Getöse heran. Außerdem sollen in jener Nacht noch mehr Burgen vom Erdboden verschluckt worden sein.

Wie dem auch sei: Im Lauf der vielen Jahrhunderte hat sich die Natur diesen Ort zurückerobert. Geblieben ist ein fürwahr abgeschiedenes Plätzchen abseits im hohen Wald, wo nur noch das Knarren der Äste zu hören ist. Wer bis zur Dämmerung ausharrt, kann noch ein weiteres, seltsames Geräusch wahrnehmen: Dann schwärmen die Fledermäuse aus, die tagsüber in der Ruine schlafen. Und ist man ganz still, meint man sogar das Rauschen des aufsteigenden Nebels erlauschen zu können.

Darüber hinaus bietet der Felsen zwei grandiose **Aussichtspunkte**. Geradeaus fällt der Blick auf den gegenüberliegenden Pielstein. Außerdem sieht man die Kirchturmspitze des Klosters Steinfeld aus dem Wald heraus-

Vom Felsen der Stolzenburg hat man einen freien Blick auf den Erscheinungsort der Juffern

lugen. Wer am Rand der Kuppe steht, erkennt zudem, dass die Stolzenburg vor Angreifern gut geschützt war: Der Felsen zu unseren Füßen fällt sehr steil ab. Unten liegen das fruchtbare Urft- und das Kuttenbachtal. Hier befindet sich das nächste Etappenziel unseres Ausflugs, die sagenumwobene Juffernwiese. Wo sich die beiden Bäche treffen, soll der Erscheinungsplatz dieser mysteriösen Spukgestalten sein.

Um dorthin zu gelangen, marschieren wir bergab auf dem Pfad, wobei wir dem Schild in Richtung Urft folgen. Kurz vor der Landstraße geht es nach links. Man kommt am **Römerkanal** vorbei, der an dieser Stelle für ein kurzes Stück oberirdisch verläuft. Das uralte Aquädukt wird im Volksmund „Teufelsader" genannt: Die römische Wasserleitung war den Eifelbauern wohl so unheimlich, dass sie das Wunderwerk antiker Baukunst als Teufelswerk betrachteten. Wenige Schritte weiter gelangen wir zu einer – inzwischen leer geräumten – Gruft. In ihr wurden einst die Mitglieder der Reitmeisterfamilie Cramer bestattet. Ihnen gehörte in früheren Jahrhunderten die **Burg Dalbenden**, die sich genau gegenüber befindet.

Die ehemalige Wasserburg wurde bereits 1152 erwähnt. Während des 18. Jahrhunderts erweiterte man das Herrenhaus zu einer Schlossanlage. Im Zweiten Weltkrieg wurde die Burg dann Kriegsschauplatz: Das Gebäude diente als Sitz des Generalstabs der Wehrmacht. Ende 1944 leitete Generalfeldmarschall von Rundstedt von hier aus die Ardennenoffensive. Am 18. Dezember 1944 wurde die Burg von der amerikanischen Air Force bombardiert.

Wir überqueren die Landstraße und marschieren mitten in einen pittoresken Teil der Gemeinde Urft hinein. Der Wanderer kommt an Pferdekoppeln vorbei und überquert das Flüsschen Urft. Gleich nach dem Bahnübergang geht es nach rechts in Richtung Kall/Sötenich. Wir passieren die Urfter Mühle und nehmen bei der Gabelung den rechten Weg. Nun dauert es nicht mehr lange, bis es heißt: „Willkommen im Reich der Juffern". Hier mündet der Kuttenbach in die Urft, und exakt an dieser Stelle sollen von alters her die sagenhaften **Juffern** herumgeistern: drei traumschöne Frauen in blendend weißen Gewändern, die des Nachts am Bachufer sitzen und sich in den blanken Fluten spiegeln.

Die „Teufelsader", ein Stück römische Wasserleitung

Unterhalb des Klosters Steinfeld führt der Weg durch hohen Laubwald

Diese feenhaften Wesen spuken an einigen Orten der Eifel umher, wobei sie sich am liebsten in der Nähe von Gewässern aufhalten. Es soll Tausende von ihnen im Rheinland geben. Einige Stimmen behaupten, sie seien die Nachfahren der Matronen, der keltisch-römischen Schutzgöttinnen, die in vielen Gegenden der Eifel verehrt wurden. Die Juffern tauchen auf und verschwinden. Meist erscheinen sie um Mitternacht, manchmal auch schon zur Dämmerung und ab und an sogar am hellichten Tag. Eigentlich sind sie ganz sympathisch: Sie leben in Bäumen und bringen Glocken in Kirchen und Kapellen zum Läuten. Sie sprechen nicht, aber sie klatschen vor Freude in die Hände, tanzen heiter auf Wiesen und Feldern und feiern auch gerne mal ein Fest. Wer sie erblickt, sollte sich allerdings ruhig verhalten und sie auf keinen Fall ansprechen. Denn das könnte den Tod zur Folge haben, warnt die Sage. Wenn man sie in Ruhe lässt, dann tun sie einem nichts zuleide. Ihre Gewänder sollen beim Gehen übrigens wie Seide rauschen. Ganz so wie der Nebel im hohen Wald bei der Stolzenburg ...

Direkt bei der Juffernwiese biegen wir hinter der Brücke links ab. Nun marschieren wir auf einem überaus reiz-

vollen, leicht ansteigenden Weg hinein ins Kuttenbachtal. Nach etwa einem Kilometer gelangt man zu einer
Hütte, wo wir linker Hand auf einen romantischen Pfad
abbiegen. Durch die Wiesen geht es über eine kleine, alte
Holzbrücke geradeaus in Richtung **Kloster Steinfeld**.
Nach der Ersteigung des sehr steilen, aber kurzen Hangs
erreicht man nach rund 200 Metern die Klostermauer. Immer an der Mauer entlang kommen wir zunächst an einem schmiedeeisernen Tor vorbei und wählen den nächsten Eingang ins Kloster. Kaum ist man um die Ecke ge-
bogen, wird der Blick von den Türmen gefangen genommen, die mächtig in den Himmel emporragen. Doch bevor man den so genannten Eifeldom betritt, empfiehlt es
sich, einen Augenblick dem kleinen Friedhof zu widmen,
der sich am Wegesrand befindet. Malerisch reihen sich
an der efeuüberrankten Wand alte Kreuze aneinander.

Im Inneren der Kirche liegt in einem mächtigen Sarko-
phag der heilige Hermann Josef (1150–1241) begraben,
von dem ebenfalls zahlreiche wundersame Legenden
überliefert sind. So soll er als Kind in der Kölner Marien-
kirche dem Jesuskind einen Apfel angeboten haben. Daraufhin habe Jesus die Hand ausgestreckt und den Apfel
genommen. Bereits im Alter von 12 Jahren trat er als
Novize ins Kloster Steinfeld ein, wo er später als Mönch
und Priester lebte. Vor allem seine mystischen Erfahrun-
gen mit der Gottesmutter und seine große Verehrung für
Maria, der zu Ehren er Hymnen dichtete, zeichnen ihn
aus. Von den Eiflern wurde der Prämonstratenser schon
immer verehrt. Die offizielle Heiligsprechung durch die
Kirche erfolgte 1960. Bis heute pilgern die Menschen zu
seinem Grab.

Der Grundstein der Basilika wurde 1142 gelegt. Zu den
romanischen Anfängen gesellten sich im Zuge der Jahrhunderte weitere Stile – von den gotischen Wandgemäl-

Tor des Klosters Steinfeld, das auf einem Höhenzug der Nordeifel thront

den bis hin zur barocken Innenausstattung. Bemerkenswert sind die **Glasfenster** des Kreuzganges sowie die König-Orgel aus dem frühen 18. Jahrhundert. Sie wurde von Balthasar König aus Bad Münstereifel gebaut und gilt als größte historische Orgel des Rheinlandes. Aus allen Teilen der Welt kommen Organisten, um auf ihr zu spielen. Außerdem rankt sich um die Kirche noch eine absonderliche Geschichte.

Wie das Schauermärchen „Der Schatz des Abtes Thomas" erzählt, soll besagter Klostervorsteher vor vielen Hundert Jahren im Kloster Steinfeld einen Schatz versteckt haben. Auf die Frage nach dem Versteck habe er immer nur lachend geantwortet: „Hiob, Johannes und Zacharias werden es Euch verraten." Außerdem hätte der alte Abt stets davor gewarnt, sich auf Schatzsuche zu begeben. Denn dem Finder würde es alles andere als glücklich ergehen. Eines Tages entdeckte ein irischer Altertumsforscher die Lösung des Rätsels auf einem Kirchenfenster, das auf Umwegen in seinem Heimatland gelandet war. Auf diesem waren eben jene drei Gestalten mit Schriftrollen zu sehen, die verschlüsselte Hinweise auf das Versteck enthielten: Im Brunnen sollte der Schatz liegen. Der Ire stieg hinab. Als er jedoch einige Steine aus der Wand brach, erschien ein gar fürchterlicher Geist. Dieser jagte dem Abenteurer einen solchen Schreck ein, dass er darüber fast den Verstand verlor ... Die moderne Mär stammt von Montague R. James (1862–1936), einem englischen Autor von Fantasy- und Horrorstorys. Sie basiert auf der Tatsache, dass ein Großteil der Steinfelder Glasfenster zur Zeit der Säkularisation auf bis heute ungeklärte Weise verschwand und später teilweise in England wieder auftauchte.

Doch zurück zum Kloster. Die Anfänge der geschichtsträchtigen Abtei reichen über 1000 Jahre zurück. 920 wurde es als Frauenkloster gegründet. Allerdings soll es mit dem Benehmen der dort lebenden adeligen Benediktinerinnen nicht zum Besten gestanden haben. Deswegen übernahmen 1097 Augustiner-Chorherren das Zepter. 33 Jahre später wurde das Kloster zum Prämonstratenserstift – und der Aufstieg begann. Denn die Mitglieder dieses Ordens waren einflussreiche Männer. Sie berieten weltliche Adlige und Kirchenfürsten. Aus ihren Reihen kam lange Zeit der Rektor der Kölner Universität. So nimmt es nicht Wunder, dass Steinfeld bald zum Mittelpunkt des geistigen Lebens in der Nordeifel avancierte und sich unter die bedeutendsten Klöster im Deutschen Reich einreihte. Vom 12. bis zum 19. Jahrhundert

An Bachläufen wie dem Kuttenbach soll man sie sehen können: die weißen Frauen der Eifel

hatten dort 44 Äbte das Sagen. Unter der französischen Besatzung wurde das Kloster 1802 säkularisiert. 130 Jahre später übernahm die Ordensgemeinschaft der Salvatorianer das Zepter und setzte das geistige und geistliche Erbe der Prämonstratenser fort.

Nach der Besichtigung der Basilika verlassen wir das Kloster durch das Haupttor und nehmen den gleichen Weg bergab zurück. Im Tal angelangt, überqueren wir allerdings nicht mehr den Kuttenbach. Wir kommen an der **Hermann-Josef-Quelle** vorbei und marschieren durch den Wald wieder zur Juffernwiese und zurück ins Dorf. In Urft gehen wir an der Hauptstraße links, überqueren den Bahnübergang und erreichen bald wieder den Ausgangspunkt der Wanderung.

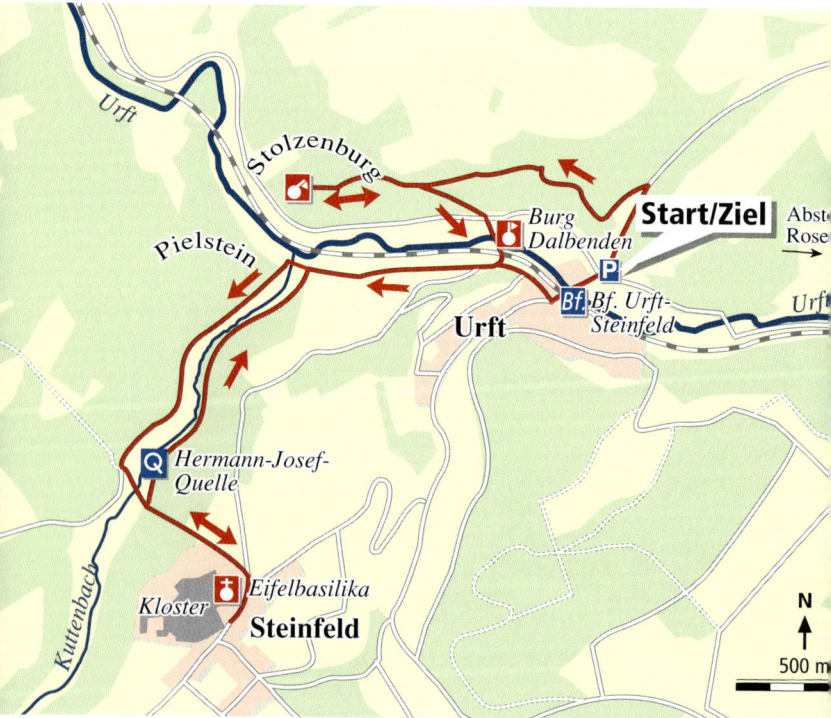

Anfahrt:

A1, Abfahrt Nettersheim, Richtung Kall halten. Nachdem man einige Höfe passiert hat, links abbiegen in Richtung „Steinfeld/Urft". Es geht bergab nach Urft. Vor dem Ort (und vor dem Bahnübergang) ist links ein kleiner Wanderparkplatz. Alternativ kann man auch mit dem Zug bis zum Bahnhof Urft fahren.
Tipp für Faulenzer: Steinfeld lässt sich von Urft aus schnell mit dem Auto erreichen: vom Parkplatz aus über den Bahnübergang, durch den Ort hindurch und dann hinter dem Ortsende rechts abbiegen nach Steinfeld.

Auskunft:

Gemeindeverwaltung Kall, Bahnhofstraße 9, 53925 Kall, Tel. 02441/888-53 (Touristikinformation)

Hinweise:

Salvatorianerkloster Steinfeld, Hermann-Josef-Str. 4, 53925 Kall-Steinfeld, Tel. 02441/8890, **www.kloster-steinfeld.de**.
Einen Blick wert ist auch der Veranstaltungskalender auf der Homepage.
So finden in der Kirche regelmäßig Orgelkonzerte statt.

Übernachtung:

Im Kloster Steinfeld werden Gästezimmer für Besinnungstage und Urlaub angeboten. Infos im Franziskus-Jordan-Haus (Gästehaus), Tel. 02441/88 91 31

Karte:

Wanderkarte Nr. 4 des Eifelvereins, „Schleiden Gemünd", 1:25000, **www.eifelverein.de**

Extra-Tipp:

Wer mag, unternimmt vom Wanderparkplatz aus noch einen Abstecher ins Rosental. Das liebliche Wiesental zwischen Nettersheim und Urft kann auf einem Rundweg zu beiden Seiten der Urft durchwandert werden. Dabei kommt man an Brachwiesen vorbei, spaziert am Römerkanal entlang und passiert die Römerquelle „Grüner Pütz". An dem ehemaligen Wasser-Sammelbecken nahm die 1800 Jahre alte Wasserleitung nach Colonia ihren Anfang. Hier soll man sogar die Fußabdrücke des Leibhaftigen sehen können ...

*B*ildnachweis